记录中国铁路建设技术发展历程
凝聚智能、安全、绿色科技创新成果

百年京张　历史跨越

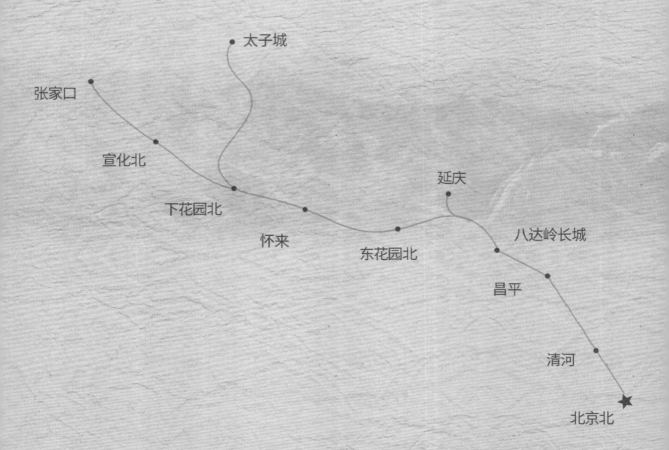

京张高铁设计与技术创新丛书
SERIES OF INNOVATIVE DESIGN AND TECHNOLOGY OF BEIJING-ZHANGJIAKOU HIGH-SPEED RAILWAY

京张高铁
绿色设计与技术

GREEN DESIGN AND TECHNOLOGY OF
BEIJING-ZHANGJIAKOU HIGH-SPEED RAILWAY

中铁工程设计咨询集团有限公司 / 组织编写
崔俊杰　马国友　邢军朝　张　强　等 / 著

人民交通出版社股份有限公司
北　京

内 容 提 要

本书为"京张高铁设计与技术创新丛书"之一，系统阐述了京张高铁的绿色设计理念、设计方法与绿色技术应用及创新成果，主要内容涵盖了绿色高铁与高铁绿色设计的概念与内涵、指导思想与设计理念、基本原则与设计方法，京张高铁绿色设计的特点与创新，京张高铁的绿色选线设计，路基、桥梁、隧道及站房绿色设计，景观设计，环保与节能减排设计等，是对高铁绿色设计与技术应用进行的一次较为全面、系统的梳理和总结，反映了中国高速铁路绿色设计与技术应用的新探索、新进展、新成果，可为我国绿色高铁的建设提供重要参考。

本书可供铁路行业设计人员、研究人员以及相关专业高校师生参考使用，也可供对高铁建设感兴趣的读者阅读。

图书在版编目（CIP）数据

京张高铁绿色设计与技术 / 崔俊杰等著. —北京：人民交通出版社股份有限公司, 2021.8
ISBN 978-7-114-17271-7

Ⅰ.①京… Ⅱ.①崔… Ⅲ.①高速铁路—设计—华北地区 Ⅳ.① U238

中国版本图书馆 CIP 数据核字（2021）第 081032 号

审图号：GS（2021）5373 号

Jing-Zhang Gaotie Lüse Sheji yu Jishu

书　名：	京张高铁绿色设计与技术
著 作 者：	崔俊杰　马国友　邢军朝　张　强　等
责任编辑：	吴燕伶
责任校对：	孙国靖　宋佳时
责任印制：	张　凯
出版发行：	人民交通出版社股份有限公司
地　　址：	（100011）北京市朝阳区安定门外外馆斜街3号
网　　址：	http://www.ccpcl.com.cn
销售电话：	（010）59757973
总 经 销：	人民交通出版社股份有限公司发行部
经　　销：	各地新华书店
印　　刷：	北京印匠彩色印刷有限公司
开　　本：	787×1092　1/16
印　　张：	14.25
字　　数：	285千
版　　次：	2021年8月　第1版
印　　次：	2021年8月　第1次印刷
书　　号：	ISBN 978-7-114-17271-7
定　　价：	128.00元

（有印刷、装订质量问题的图书由本公司负责调换）

本书编审委员会

主 任 委 员：崔俊杰

副主任委员：马国友　邢军朝　张　强

编　　　委：（排名不分先后，按姓氏笔画排序）

　　　　　　王洪雨　王　通　田　心　冯小学　吕　刚
　　　　　　刘　方　刘建友　刘登峰　刘瀚舒　齐　楠
　　　　　　孙　行　李　辉　李　程　邱柏初　张世杰
　　　　　　张宇宁　陈世民　陈官虎　岳　岭　赵　鹏
　　　　　　胡　燚　宣立华　秦晓春　夏　龙　奚文媛
　　　　　　黄世光　韩传虹　曾虢霆　褚冠男

主　　　审：蒋伟平

审稿专家：巫伟军　杜文山　曹永刚　李汶京　陈进昌
　　　　　　汪吉健　乔俊飞　赵巧兰　钱国玉

前言

　　交通强国，铁路先行。铁路是国民经济发展的大动脉、国家关键基础设施、重大民生工程和大众化交通工具，截至 2020 年底，我国铁路营业里程达到 14.6 万 km，其中高速铁路近 3.8 万 km，居世界第一。各种交通方式中，铁路在节约土地、节约能源、保护环境等方面有着明显优势，但铁路自建设开始的整个生命周期都会对环境产生一定影响。近年来，党和国家对生态环境保护越来越重视，提出生态文明建设、绿色发展、新基建等新理念、新要求，为建设美丽中国绘制了宏伟蓝图。在全面贯彻生态文明建设思想、全力践行绿色发展理念的时代背景下，大力倡导铁路绿色设计、积极推进绿色铁路建设，将是促进我国经济可持续发展的内在要求。

　　京张高铁是 2022 年北京冬奥会的重要配套工程，也是传承老京张铁路百年历史的文化线路。为落实习近平总书记在北京城市规划建设和北京冬奥会筹办工作座谈会上的重要讲话精神，遵循"绿色办奥"思想，贯彻生态文明建设和绿色交通理念，原中国铁路总公司（现中国国家铁路集团有限公司）提出全力打造京张高铁"精品工程、智能京张"总体要求，"绿色京张"作为京张精品工程建设的重要支撑，在绿色设计方面开展了大量研究和探索，旨在努力打造一条绿色、智能、景观、人文的高速铁路，使其成为推动我国高铁技术新一轮创新的标志性工程。

　　本书依托京张高铁，在调研国内外铁路、公路、建筑等行业研究成果、规范标准及勘察设计和建设经验的基础上，立足于高铁绿色设计基本理念，从绿色选线设计，路基、桥梁、隧道及站房绿色设计，景观设计，环保与节能减排设计等方面系统总结了京张高铁在绿色设计和技术方面的实践和创新应用。通过对京张绿色高铁成功建设经验的总结和提升，打造了我国绿色高铁新标准，树立了绿色高铁的中国名片，必将引领中国高铁实现持续的科技创新和绿色发展。

全书共 11 章。第 1 章介绍了铁路绿色设计的发展历程、高铁绿色设计理念和京张高铁绿色设计的意义；第 2 章概括了京张高铁绿色设计的特点与创新；第 3 章至第 7 章分别介绍了京张高铁选线与选址，路基、桥梁、隧道及站房的绿色设计与技术创新；第 8 章详细介绍了京张高铁绿色廊道、生态、人文等景观设计创新；第 9 章至第 10 章主要介绍京张高铁环保设计和节能减排设计；第 11 章展望了绿色高铁未来的发展方向。

本书由中铁工程设计咨询集团有限公司 40 余位同志参加编写和审稿，撰写过程中得到了中铁工程设计咨询集团有限公司科技处、地路院、建筑院、桥梁院、城交院、环工院、线站院、电通院以及北京交通大学等诸多单位的协助。书中也引用了大量参考文献和资料，在此一并表示感谢！

限于作者理论水平和实践经验，书中的疏漏和不妥之处在所难免，欢迎读者批评指正。

作　者

2021 年 4 月

目录

第1章 绪论 ·· 1

1.1 铁路的重要地位和发展方向 ·························· 2
1.2 铁路建设对环境的影响 ······························ 4
1.3 绿色铁路的提出 ···································· 5
1.4 铁路建设绿色设计发展历程 ·························· 7
1.5 高铁绿色设计理念 ·································· 13
1.6 京张高铁绿色设计的意义 ···························· 18

第2章 京张高铁绿色设计与创新 ······················ 21

2.1 京张高铁概况 ······································ 22
2.2 京张高铁总体设计 ·································· 27
2.3 京张高铁绿色设计的特点 ···························· 29
2.4 京张高铁绿色设计创新 ······························ 32

第3章 绿色选线设计 ·································· 35

3.1 绿色选线总体要求 ·································· 36
3.2 选线与规划 ·· 40
3.3 科学选线布线 ······································ 42
3.4 集约利用通道 ······································ 46
3.5 生态环保选线 ······································ 47

第 4 章　路基绿色设计 ········· 53

4.1　铁路绿色通道建设 ········· 54
4.2　绿色通道生态设计技术 ········· 64
4.3　路基绿色防护技术创新 ········· 66

第 5 章　桥梁绿色设计 ········· 75

5.1　桥梁工程绿色设计 ········· 76
5.2　桥梁工程绿色技术 ········· 82

第 6 章　隧道绿色设计 ········· 93

6.1　全预制拼装技术 ········· 94
6.2　环境敏感区隧道绿色设计 ········· 98
6.3　清污分离排水设计 ········· 104
6.4　洞口生态防护设计技术 ········· 110

第 7 章　站房绿色设计 ········· 115

7.1　融合性规划设计 ········· 116
7.2　友好型空间环境设计 ········· 130
7.3　创新型站房绿色技术 ········· 134

第 8 章　景观设计 ········· 137

8.1　廊道景观特征 ········· 138
8.2　区间景观设计 ········· 139
8.3　站区景观设计 ········· 150
8.4　附属景观设计 ········· 158
8.5　文化景观设计 ········· 164

第 9 章　环保设计 ··· 171

  9.1　声、振动环境保护设计 ··· 172
  9.2　水环境保护设计 ··· 175
  9.3　大气环境保护设计 ··· 177
  9.4　固体废物环境保护设计 ··· 177
  9.5　文物保护设计 ··· 181
  9.6　环境保护效益分析 ··· 186

第 10 章　节能减排设计 ··· 189

  10.1　供电系统节能技术 ··· 191
  10.2　建筑节能设计 ··· 195
  10.3　节能减排效益分析 ··· 201

第 11 章　展望 ··· 203

参考文献 ··· 207

CONTENTS

Chapter 1 Introduction 1

1.1 The Important Position and Development Direction of Railway 2
1.2 The Impact of Railway Construction on the Environment 4
1.3 The Raise of Green Design for High-speed Railway 5
1.4 The Development History of Green Design in Railway Construction 7
1.5 The Concept of Green Design for High-Speed Railway 13
1.6 The Significance of Green Design of Beijing-Zhangjiakou High-speed Railway 18

Chapter 2 The Green Design and Innovation of Beijing-Zhangjiakou High-speed Railway 21

2.1 The Overview of Beijing-Zhangjiakou High-speed Railway ... 22
2.2 The Overall Design of Beijing-Zhangjiakou High-speed Railway 27
2.3 The Features of Green Design of Beijing-Zhangjiakou High-speed Railway 29
2.4 The Innovation of Green Design of Beijing-Zhangjiakou High-speed Railway 32

Chapter 3　The Green Design of Railway selection　35

　　3.1　The General Requirements for Green Railway Selection　36
　　3.2　Selection and Planning　40
　　3.3　Scientific Route Selection and Layout　42
　　3.4　Intensive Use of Green Space　46
　　3.5　Environmental Protection Route Selection　47

Chapter 4　The Green Design of Subgrade　53

　　4.1　The Construction of Railway Greenway　54
　　4.2　Greenway Ecological Design Technology　64
　　4.3　Technical Innovation of Subgrade Green Protection　66

Chapter 5　The Green Design of Bridges　75

　　5.1　Green Design of Bridge Engineering　76
　　5.2　Green Technologies of Bridge Engineering　82

Chapter 6　The Green Design of Tunnels　93

　　6.1　Full Prefab Assembly Technology　94
　　6.2　Green Design of Tunnels in Environmentally Sensitive Areas　98
　　6.3　Clear Water and Sewage Separate Discharge Design　104
　　6.4　Ecological Protection Design at the Entrance of the Cave　110

Chapter 7　The Green Design of Railway Stations　115

　　7.1　Integrated Planning Design　116
　　7.2　Friendly Space Environment Design　130
　　7.3　Innovative Green Technology for Railway Stations　134

Chapter 8　Landscape Design ········· 137

8.1　The Landscape Features of Corridor ········· 138
8.2　The Landscape Features of Interval ········· 139
8.3　The Landscape Features of Stations ········· 150
8.4　The Landscape Features of Ancillary Facilities ········· 158
8.5　The Landscape Features of Culture ········· 164

Chapter 9　Environmental Protection Design ········· 171

9.1　The Environmental Protection Design of Sound and Vibration ········· 172
9.2　The Environmental Protection Design of Water ········· 175
9.3　The Environmental Protection Design of Atmosphere ········· 177
9.4　The Environmental Protection Design of Solid Waste ········· 177
9.5　The Environmental Protection Design of Cultural Relic ········· 181
9.6　The Benefit Analysis of Environmental Protection Design ········· 186

Chapter 10　Energy Saving and Emission Reduction Design ········· 189

10.1　Energy Saving Technology for Power Supply System ········· 191
10.2　The Design for Building Energy Efficiency ········· 195
10.3　Benefit Analysis of Energy Saving and Emission Reduction ········· 201

Chapter 11　Outlook ········· 203

References ········· 207

CHAPTER 1
>>>> 第1章

绪论
INTRODUCTION

1.1 铁路的重要地位和发展方向

铁路作为近代物质文明的重要成果，是人类社会经济发展到一定阶段的产物，恩格斯曾说"19 世纪下半叶用蒸汽发动的运输工具最后战胜了其他各种运输工具，铁路在一切文明国家中都占第一位，在西方国家经济发展过程中起了重要作用"。20 世纪 70 年代后，铁路开始复苏，许多国家开始认识到公路运输的负面影响，大力发展铁路。20 世纪 80 年代以来，日益发展的高速铁路以快速、舒适、安全及票价适中的优势，取得了明显的经济效益，推动了铁路的发展创新。

20 世纪 90 年代以来，我国各种交通运输方式有了很大发展，铁路运输在各种运输方式中的优势突出。铁路是国民经济发展的大动脉和国家关键基础设施，而且兼具安全、经济、便民、实惠、全天候运输等特点，大量长途大宗货物运输和中长途旅客运输主要由铁路承担。这些特点，决定了它是大众化的交通工具，也决定了其在我国综合交通体系中的骨干地位，使其对国民经济和社会发展具有越来越重要的作用。图 1-1 为 2019 年我国不同运输方式旅客周转量对比。

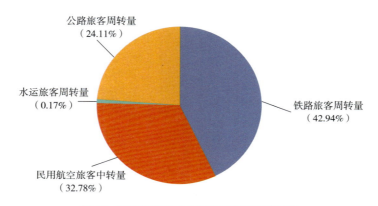

图 1-1 2019 年我国不同运输方式旅客周转量对比

21 世纪以来，我国高速铁路经历了二十年的飞跃式发展，已经成为人们出行最重要、最安全、最便捷的交通工具。秦沈客运专线于 2002 年 12 月 31 日建成运营，是我国自主研究、设计、施工，开通速度 200km/h、基础设施预留 250km/h 条件的第一条客运专线，为中国建设高速铁路奠定了基础。2008 年 8 月 1 日，中国第一条具有自主知识产权、达到国际一流水平的高速铁路——京津城际铁路正式通车，其后大量时速 250km、300km、350km 的高速铁路陆续开通运营。

2016 年 7 月 13 日，国务院结合发展新形势、新要求制定的《中长期铁路网规划》（图 1-2）正式印发，提出了构筑以"八纵八横"主通道为骨架、区域连接线衔接、城际铁路补充的高速铁路网。国家"十三五"规划和《中长期铁路网规划》做出了加快发展铁路的战略决策，勾画了我国铁路未来发展的宏伟蓝图。截至 2020 年底，全国铁路营业里程达到 14.6 万 km，其中高速铁路近 3.8 万 km，中国铁路跻身世界领先行列。

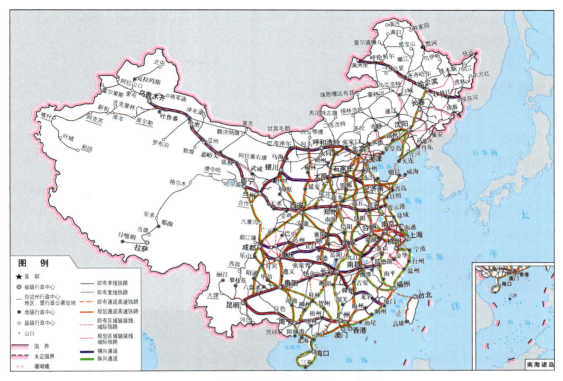

图 1-2 中长期高速铁路网规划图（2016 年版）

我国幅员辽阔、地质条件复杂、人口众多，各种资源分布及工业布局不平衡，已成为经济社会发展的制约因素。铁路在节约土地、节约能源、保护环境等方面有着明显优势，在提高交通运输可持续发展方面具有重要作用。从我国资源有限、客货运输强度大的具体国情出发，更多地发展铁路、引导人们更多选择铁路运输方式是减少资源占用的有效方略。我国的国情不允许我们完全按照西方发达国家的模式发展我国交通运输，无论是从国家可持续发展，还是从铁路可持续发展的需要出发，都必须加快铁路特别是高铁的发展，推进铁路现代化建设。

交通强国，铁路先行。《新时代交通强国铁路先行规划纲要》（以下简称《规划纲要》）明确提出要发挥节能环保的绿色铁路优势，集约节约利用资源和能源，科学布局线路和枢纽设施，集约节约利用土地、通道、桥位、枢纽及水资源，推进场站及周边综合立体联动开发；推广应用新型节能材料、工艺、技术和装备；加强新旧设施更新利用，推广建筑施工材料、废旧材料等回收循环综合利用，推进建设渣土等资源化利用；优化铁路用能结构，提升能源综合使用效能；淘汰高耗低效技术装备；推广使用能源智能管控系统，利用自然采光和通风。同时，《规划纲要》还提出要强化生态保护和污染防治；践行生态选线选址理念，强化生态环保设计，依法绕避生态敏感区、脆弱区等国土空间；依法落实生态保护和水土保持措施，严守"三条"控制线，严格实施生态环境修复、地质环境治理恢复和土地复垦，推进铁路绿化工作，建设绿色铁路廊道；推进铁路清洁能源化、绿色低碳化；强化铁路节能环保监测管理，推进污染达标治理；有效防治铁路沿线噪声、振动。因此，积极发展和建设绿色高铁，对于充分发挥铁路绿色骨干优势、增强运营效率效益、提供一流服务品质，建成现代化铁路强国，实现中华民族伟大复兴的中国梦具有重大意义。

1.2 铁路建设对环境的影响

铁路工程建设项目一般为经过多区域、跨越流域、翻山越岭、穿越城市、横贯东西、交错南北的长大线状工程，短则数十千米，长则上千千米，具有线长、点多、面广的特点，涉及路基、桥涵、隧道、站场等主体工程及临时工程等。铁路自建设开始的整个生命周期都会对环境产生一系列影响，不同时期影响的类型与特征有所不同。铁路对环境的影响，在建设期间主要表现为改变地形、占用土地、破坏植被、影响水环境、影响野生动植物生态环境等（图1-3），因建设而引起的次生地质灾害问题也比较突出；在运营期间主要表现为噪声、振动、电磁干扰、能源消耗等。

a)　　　　　　　　　　　　　　　b)

图 1-3　铁路建设对自然环境的影响

铁路建设期间，线路土建工程及沿线站、段、所等各类生产、生活设施占用土地，线路穿越不同类型生态系统、处理不良地质地段进行取弃土时，会破坏植被，影响野生动植物生态环境，对沿线自然和生态环境产生较大扰动；桥梁、隧道等特殊工程施工中侵占河道，改变地表水、地下水径流，也会对生态环境造成影响。修建铁路会扰动自然保护区地形地貌，易造成水土流失，影响保护区自然体系的生态完整性与稳定性；破坏野生珍稀动植物生存环境，导致野生生物数量减少；破坏自然遗迹原生状态，改变自然遗迹保存形状，对地下文物产生潜在的危害；直接侵入破坏风景名胜区，造成视觉美感的损坏。施工机械设备及运输车辆等会对沿线敏感点产生较大干扰，工程废水会对沿线水质造成影响，施工过程及工程废物会产生一定的大气污染。铁路建设对生态环境造成的不良影响主要在施工阶段，但生态环境保护的关键是在设计阶段。

铁路运营期间对环境的影响，主要表现为列车运行所产生的噪声、振动、电磁干扰对沿线居民身体健康、精密设备的影响；机车及站场生产、生活排放的废水、废气对水环境和空气环境质量的影响；固体废弃物对环境及景观的不利影响等。

综上所述，铁路建设对于社会、经济、资源、环境等具有深远的影响，铁路施工和运营期间，在促进沿线地区社会、经济发展的同时，也必然对沿线自然和生态环境造成较大的污染和破坏。如何减少铁路建设对环境的影响，促进铁路和环境协调、可持续发展，是研究者们亟须解决的重要问题。我国正处于快速发展阶段，我国铁路也处在高速度、高质量发展的关键时期。因此，人们对于铁路提出了更高的要求，不仅要求铁路能快速高效地运输货物、安全舒适地运送旅客，更要求铁路绿色、节能、环保，与社会、经济、资源和环境协调发展，实现铁路运输的可持续发展。

1.3 绿色铁路的提出

1.3.1 贯彻绿色发展的必然要求

中共中央、国务院颁布《关于加快推进生态文明建设的意见》，要求"牢固树立绿水青山就是金山银山的理念，坚持把节约优先、保护优先、自然恢复等作为基本方针，把绿色发展、循环发展、低碳发展作为基本途径，切实把生态文明建设抓紧抓好"。党的十八届五中全会提出了"创新、协调、绿色、开放、共享"五大发展理念，再次凸显了"绿色发展"的重要程度。党的十九大将绿色发展放在"加快生态文明体制改革，建设美丽中国"的首要位置，要求坚持节约优先、保护优先、自然恢复为主的方针，形成节约资源和保护环境的空间格局、产业结构、生产方式、生活方式，还自然以宁静、和谐、美丽。

社会经济发展对铁路交通的需求量大，使得铁路建设具有规模体量大、覆盖面广及对土地、通道、能源等资源需求量大的特征。绿色铁路建设是交通运输行业践行绿色发展理念的重要抓手，对推进行业节约资源、保护生态具有重要意义。铁路绿色发展从单纯注重铁路本身经济合理性、技术可行性，转变为注重综合经济、节能、环保、景观、可持续发展的多目标最优，坚持"高效能、高效率、高效益""低消耗、低排放、低污染""全寿命、全要素、全方位"的绿色发展方式，做到铁路建设全过程更加注重与环境、社会等多系统的统筹协调，更加注重资源节约、环境友好等要求的贯彻和落实，更加注重铁路建设及运行管理的质量和效率，更加注重需求引领下铁路的服务提升。

1.3.2 建设绿色通道的重要举措

2000年以来，为规范和指导铁路绿色通道建设，原铁道部制定了绿色通道工程建设规划，组织制定新建、改建铁路绿色通道建设设计、造价、验收标准，安排必要的绿色防护工程技术研究，大力推进绿色通道建设，促进生态环境保护与铁路建设协调发展，并相继印发了《铁路既有线绿色通道工程建设标准》(2002年)、《铁路路基边坡绿色防护技术暂行规定》(建技〔2003〕7号)、《铁路绿色通道设计暂行规定》(铁建设函〔2004〕551号)、《铁路绿色通道建设实施指导意见》(铁建设函〔2007〕472号)和《关于调整在建及新建铁路绿色通道建设有关问题的通知》(铁鉴函〔2007〕544号)、《铁路林业技术管理规则》(铁运〔2008〕208号)等相关文件,将绿色通道建设成功应用于实践。2004年底,胶新铁路绿色通道建设模式与生物防护技术研究通过专家鉴定,这是我国首条一次建成的"绿色铁路"。胶新铁路"绿色通道"的建成,为全国铁路"绿色通道"建设提供了重要的科学参考和示范。因此,建设绿色铁路,既是时代发展的要求,又是社会可持续发展的一项重要要求。

2014年,《绿色铁路客站评价标准》(TB/T 10429—2014)颁布实施,在20余项省部级课题及国内外绿色建筑评价研究成果的基础上,其从节地与室外环境、节能与能源利用、节水与水资源利用、节材与材料资源利用、室内环境、施工管理及运营管理等方面对绿色铁路客站指标及综合评价方法进行了系统规范,并定义了绿色铁路客站。《铁路工程绿化设计和施工质量控制标准(南方地区)》(Q/CR 9526—2019)、《铁路工程绿化设计和施工质量控制标准(北方地区)》(Q/CR 9527—2020)注重铁路建设与自然环境相融合,体现了新时代我国铁路绿色发展的新要求,通过全过程绿化建设质量控制,实现绿化工程与主体工程同步设计、同步施工,为实现美丽生态铁路建设目标提供技术支撑。

1.3.3 实现转型升级的重要途径

2019年9月,中共中央、国务院印发《交通强国建设纲要》,提出"坚持新发展理念,坚持推动高质量发展,坚持以供给侧结构性改革为主线,坚持以人民为中心的发展思想……构建安全、便捷、高效、绿色、经济的现代化综合交通体系,打造一流设施、一流技术、一流管理、一流服务,建成人民满意、保障有力、世界前列的交通强国,为全面建成社会主义现代化强国、实现中华民族伟大复兴中国梦提供坚强支撑"。当前,我国正处在建设交通强国的起步时刻,要求行业紧紧围绕"建设人民满意交通,当好'先行官'"的职责使命,认真贯彻落实新发展理念,不断深化供给侧结构性改革,加快转变交通运输发展方式,进一步提升服务水平。我们必须深入实施创新驱动发展战略,加快提升科技创新能力,特别是加强交通运输资源能源节约、清洁和可再生能源利用,生态保护,污染防治,环境事故应急处置等重点领域的建设。

绿色铁路具有保护生态环境、降低能源消耗和污染排放、促进资源集约循环利用等优点。坚持质量第一、坚持以人为本、坚持安全至上,是交通行业调整结构、转变发展方式的必然选择。绿色铁路从重视当前利益转变为关注长远利益,从关注代内公平拓展为统筹代际、代内公平,更加注重资源环境要求的贯彻落实、铁路建设及运营管理的质量效率以及需求引领下铁路的服务提升,体现时代性、综合性和引领性,从而促进高质量发展,实现行业转型升级。

1.4 铁路建设绿色设计发展历程

（1）铁路绿色设计相关标准及政策

国外对绿色铁路设计的研究起步比较早，部分铁路发展较为前沿的国家已经形成了规范化准则，制定与颁布了相应的绿色标准及法律：美国于1965年颁布全球首例铁路环保标准规范《铁路美化规定》，随后在1970年颁布《国家环境政策法》，美国建筑师富勒和Charles J Kibert教授先后提出"少费而多用""可持续施工"等理念，强调的内容均为节约资源、保护环境，从而造福人类；日本于1976年颁布《铁路绿化技术标准》和《新干线铁路环境质量标准》来完善铁路建设环境影响评价制度；欧洲于1992年首次提出战略环境影响评价，后于1995年制定《战略环境影响评价法》。

与国外相比，我国开始铁路的绿色设计相对较晚。20世纪80年代，国内有关政府部门和专家学者逐渐认识到铁路绿色设计的重要性，为预防和改善铁路等大型交通工程建设给生态系统造成环境破坏、资源匮乏等不良影响，制定出台了一些规范和标准：从1986年国务院环境保护委员会、原国家计划委员会、国家经济委员会联合颁布的《建设项目环境保护管理办法》，到1998年国务院颁布的《建设项目环境保护管理条例》，都体现了环境保护和绿色设计理念，其中《建设项目环境保护管理条例》于2017年补充修改，提出铁路建设要进行"三同时"管控；1991年颁布《铁路工程建设项目环境影响评价技术标准》（TB 10502—93），从评价招标、评价方法等方面初步构建铁路工程环境质量评价的理论体系；2000年出台《关于进一步推进全国绿色通道建设的通知》（国发〔2000〕31号）；2013年颁布《铁路工程绿色通道建设指南》（铁总建设〔2013〕94号），统一规划铁路路基边坡及防护、沿线绿化等生态问题；2014年颁布《绿色铁路客站评价标准》（TB/T 10429—2014），综合考虑铁路客站所在地的资源、环境、经济等因素，对铁路客站的设计、施工阶段绿色等级进行评估；2016年颁布《铁路工程环境保护设计规范》（TB 10501—2016），对铁路建设过程中可能出现的环境破坏、资源浪费等不良影响提出了专项防治要求。

（2）绿色选线设计

铁路工程建设项目作为带状线性的建设项目，通常横跨大片地区、河流，东西贯通，南北纵横交叉，具有点多、线长、面广等典型特点，整个铁路项目涉及的工程众多。铁路建设项目在带动沿线区域经济发展的同时，也给环境带来一定的影响。在20世纪80年代前，西方发达国家的多数铁路建设项目还只依据工程的投资成本、工程技术条件以及运营条件等几个因素对线路方案进行比选，而对工程带来的环境问题考虑得并不是很多。进入20世纪80年代以后，人们逐渐认识到环境影响对铁路方案选线的重要性，对环境的保护逐渐成为铁路建设项目的一个重要组成部分，同时对环境影响的评价也就成为当时铁路建设中预防和减少环境影响的重要方法。随着国家对环境因素投入越来越多的关注，以及有关法律法规的不断完善，对数据的收集、分析比较、环境影响程度大小的估算方法逐渐系统化。单单就铁路线路方案比选来说，这些国家会把环境影响因素放在首要位置，之后再考虑工程技术条件以及工程造价。所以，在进行线路方案比选时，考虑环境影响因素逐渐成为一种发展趋势。国外的许多专家与学者已经做了相当多的有关环境影响因素分析与评价的研究：Plakhotnik V N，Onyshchenko Ju V，Yaryshkina L A 等人对乌克兰 Prydniprovs′ka 地区的铁路路网进行了研究，并对各亚段铁路线的环境影响进行了剖析；Mancebo Quintana S，Martin Ramos B，Casermeiro M A 等人对西班牙的战略性基础设施和铁路规划对生物多样性的影响进行了全面分析，采用情景比较法提出连通性指数，相应模型能够很好地分析铁路线网规划对栖息地破碎化的影响。

随着我国铁路在国民经济中发挥越来越重要的作用，铁路线路方案正确合理的选择对整个铁路工程项目至关重要，因此在进行线路方案比选时应该选择合适的评价方法，并综合考虑各方面的影响，环境因素是首先要考虑的影响因素。从 20 世纪 90 年代开始，国内的许多学者与专家对有关考虑环境因素的方案评判和比选方法开展相关研究：北京交通大学周华国博士将交通建设对生态环境的影响进行了详细的分析，并归纳出在进行线路比选时的 9 个环境影响评价因子，提出了一种用于线路方案多目标比选的模糊优选方法；西南交通大学的李远富教授、薛波以及易思蓉教授在"铁路线路设计方案综合优选决策系统的研究"这篇论文中提出了多目标决策模糊集理论，并建立了相应的线路方案比选多目标决策系统的模糊优选模型，将系统的评价指标体系划分为 4 层，包括总目标层、宏观目标层、中观目标层和微观目标，同时文中采用模糊层次法求解出了各目标层的评价指标的权重值；北京交通大学陈峰教授负责完成了"基于环境影响的高速铁路线路方案优选系统初步研究"课题，系统研究了基于环境因素的交通建设项目方案优选问题，特别是系统地研究了高速铁路线路方案的环境影响剖析与评价问题；中南大学吴小萍教授及詹振炎在"基于灰色和模糊集理论的铁路方案多目标综合评价方法及模型研究"中采用灰色与模糊集理论相结合的方法对铁路线路方案进行综合评价分析，建立合理的评价指标体系后，采用层次分析法确定出准则层及子准则层内评价因子的权重值，之后利用灰色相关理论对定量指标进行评价，同时采用模糊集理论对定性指标进行分析，最后将综合的评价方法应用于工程实例中进行验证。

21 世纪以来，地理信息系统（GIS）由于其强大的空间分析功能而成为铁路评价和选定绿色线路方案的理想工具。将辅助决策平台 GIS 应用到铁路绿色选线中已是一种发展趋势，国内外部分专家学者对此开展了研究：Zura 和 Lipur 使用 GIS 空间分析来确定在起讫点之间的最小影响走廊，基于人口、动植物、土壤、水文、大气和气候等环境影响因素来考虑最小影响绿色线路。中南大学吴小萍教授应用多目标决策理论方法及 GIS 技术，建立了铁路选线中的环境影响综合评价体系结构，确定出各准则层评价因子的权重值，选择出了适用于铁路选线的环境影响评价方法，并对铁路各方案进行比选。

（3）绿色通道设计

2000年10月11日，国务院发布《关于进一步推进全国绿色通道建设的通知》（国发〔2000〕31号文），首次明确了绿色通道的概念：绿色通道建设是我国国土绿化的重要组成部分，主要任务是对公路、铁路、河渠堤坝沿线进行生态修复、绿化美化。2004年3月20日，国务院发布了《关于坚决制止占用基本农田进行植树等行为的紧急通知》（国发明电〔2004〕1号），规定"进行绿色通道建设要因地制宜，严格限定道路沿线绿化带宽度"。原铁道部陆续颁布了《铁路路基边坡绿色防护技术暂行规定》（建技〔2003〕7号）《铁路绿色通道设计暂行规定》（铁建设函〔2004〕551号）、《铁路绿色通道建设实施指导意见》（铁建设函〔2007〕472号）等标准对铁路绿色通道进行规范。2012年，党的十八大报告提出"大力推进生态文明建设"，明确要求"必须树立尊重自然、顺应自然、保护自然的生态文明理念，把生态文明建设放在突出地位，融入经济建设、政治建设、文化建设、社会建设各方面和全过程，努力建设美丽中国，实现中华民族永续发展"。为统一铁路工程绿色通道建设技术要求，达到稳固边坡、保持水土、改善环境、防御灾害、美化路容的目的，2013年，中国铁路总公司正式颁布了《铁路工程绿色通道建设指南》（铁总建设〔2013〕94号），规定"铁路工程绿色通道建设宜在铁路用地范围内进行"，其主要内容包括：总则、术语、基本规定、路基地段绿化设计、桥梁隧道地段绿化设计、站区绿化设计、其他场地绿化设计、绿化施工、质量检验和验收等。2017年，党的十九大报告提出"加快生态文明体制改革，建设美丽中国"，明确要"加大生态系统保护力度，实施重要生态系统保护和修复重大工程，优化生态安全屏障体系，构建生态廊道和生物多样性保护网络，提升生态系统质量和稳定性"。

铁路运输是我国最重要的交通运输方式之一，其特点是运营里程长，并且可经过多个不同城市，将沿途丰富的自然景观串连起来，它是各大城市之间互相交往的桥梁。绿色通道是对整个铁路线路及各个城市节点的整体性生态景致创建，是建立和谐美丽铁路沿线环境的要求。通过科学规划以及合理管理，可以有效保护铁路沿线的生态体系及景观设施，修复工程中被破坏的植物，促使铁路与自然景观、城市环境统一，打造铁路绿色通道。

（4）路基绿色设计

路基工程作为铁路建设的重要组成部分，路基的强度和稳定性决定着铁路建设质量。绿色铁路路基设计的研究方向主要在绿色支挡、绿色防护、绿化景观、土石方绿色调配等方面。

边坡支挡和防护是铁路路基绿色设计中的重要环节，在保证边坡安全的同时，应尽量合理减少支挡和防护圬工数量，节约能源，降低工程造价，在支护方案优化设计时就应当考虑绿色化因素。铁路路基边坡的绿色防护，主要是指利用植被涵水固土的原理稳定岩土边坡面，同时美化生态环境。国外的研究起步较早，欧美、日、韩等发达国家在20世纪30年代已对工程建设中的生态环境问题给予重视，将生态保护和恢复纳入了工程建设中，并为此开展了相应的技术研究，开发了聚氨基甲酸酯（HYCEL-OH）等有机液化学植草新技术，通过专用机械将新型化工产品用水按一定比例稀释后，与草籽一起喷洒于岩（土）质边坡上，较好地解决了土质和风化严重的工程边坡的绿化问题。英国、意大利将加筋土技术与植被护坡技术有机地结合起来，用植被墙面代替传统的钢筋混凝土墙面，成功地修建了包裹式的加筋土植草墙面挡土墙。我国从20世纪80年代初开始重视城乡绿化、水土保持和工程建设中形成的裸地边坡绿化工作，引进了一些先进的边坡建植技术，个别行业编制了绿化规范。原铁道第二勘察设计院在襄石复线、内昆线、株柳复线对岩石绿化防护问题做了喷混凝土植生护坡的选点工程试验，取得了一些工程实践经验。喷播植草、客土植生、喷混植生、客土点播绿化等传统技术在铁路上已大量应用，近年来，大量绿色防护技术得到创新和发展，如植生袋植生、基材植生、生态混凝土等技术在高铁中也得到广泛应用。

土石方调配关系到铁路沿线生态环保及水土保持，为了减少大量开挖和弃渣对生态环境造成的不利影响，土石方绿色调配方面也取得了一些进展。国外主要围绕以下几个方面展开：土石方优化调配模型、物料场优化选择模型、土石方调配仿真模拟、土石方调配管理系统、土石方调配多目标优化等。Mayer S 以挖料方和填筑方的最小累计非经济运距作为目标函数，建立铁路路基土石方调配的线性规划模型，对土石方优化调配方案进行定量研究。Xianjia W 以减少运输成本和物料供需平衡为原则建立多目标二层规划模型，建立动态规划模型，并用混合粒子群算法求解。Wimmer J 基于离散事件模拟土石方调配过程，研究了工期和成本之间的关系。国内考虑土石方调配与生态环境能够协调耦合，已将其纳入到环评和水保，作为环评、水保的重要组成部分，并且对取弃土场的数量和位置提出了严格要求；土石方调配也引入了绿色施工评价体系，以提高土地利用效率与降低物料调配成本，为土石方调配的方案决策提供参考。

（5）桥梁绿色设计

针对绿色桥梁评价体系的研究尚处于刚刚起步阶段，相关研究相对较少。美国密歇根州立大学对新建桥梁的可持续设计、施工以及现有桥梁的可持续养护方法进行了研究：根据美国国家环境保护局（EPA）、美国公路与运输协会（AASHTO）、美国联邦公路局（FHWA）的政策要求，和美国能源与环境设计评估体系（LEED）以及现行桥梁工程标准，将绿色桥梁评级系统按设计、施工和维护分为三部分；通过德菲尔调查法对桥梁的绿色评估体系进行量化，根据桥梁的总体评分，将桥梁分为非绿色（Non-Green）桥梁、绿色认证（Certified）桥梁、绿色（Green）桥梁、完全绿色（Total Green）桥梁和永久绿色（Ever Green）桥梁5个级别；此外，还根据《寿命周期评价指南》（Life Cycle Assessment）和《全生命周期费用分析》（Life Cycle Cost Analysis）指南计算了可持续桥梁生命周期内的二氧化碳等气体排放量以及生命周期成本，发现可回收材料，如粉煤灰、高炉矿渣水泥等产生的二氧化碳等气体比较少。

随着可持续发展思想的全球化，绿色桥梁理念在我国也逐渐受到了重视。国内关于绿色桥梁的研究是近几年开始发展起来的，很多学者对绿色桥梁的选材、绿色设计与施工、绿色管养，以及绿色后处理等技术问题进行了探讨，主要突出"环保、节能、可持续"的绿色发展理念。周玉康具体介绍了我国桥梁的发展现状及绿色设计在桥梁中的应用；丁敬、朱乾坤等学者以绿色设计的基本理论和原则为切入点，对桥梁设计中的几个方面进行了阐述，突出环保、节能和可持续发展的优点；李国平以混凝土桥梁为例，讨论如何在桥梁各阶段使用绿色技术；赵顺清和万一华结合绿色桥梁设计理念，分析了生态环保的桥梁设计需要；王敏、李晓英对绿色桥梁设计理念进行分析，探究了基于绿色理念的桥梁设计方向；钱炜等引用国内主流的符合可持续发展理念的可持续发展设计基本思想，阐明可持续发展设计的两方面特征（减少垃圾，省料与节能），并总结出了5项可持续发展设计原则（闭环设计原则，资源最佳利用原则，能源消耗最小原则，零污染原则，技术先进原则），指出了桥梁设计环节中长期存在的现象与问题，并提出其中的重点与改进方式。彭华军通过分析桥梁项目从起始阶段（勘测设计）至生命结束阶段（拆除）的整个周期的可持续发展设计应用，详细阐述了可持续发展设计的某些具体应用观点，同时提出了在桥梁工程中大力推广可持续发展设计是实现可持续发展的核心战略之一的结论。龚勋等总结了桥梁工程中的绿色环保原则与桥梁结构的特殊性，提出了可持续发展设计的应用措施，如桥梁体系的选用、桥梁结构及附属设备的设计、桥梁耐久性维护以及达到使用年限后的回收措施等。王映韬提倡市政桥梁使用简约化设计，避免因过度的装饰而加大成本，造成不利的环境影响，同时应注意桥梁施工过程中废弃物、噪声与排水的处置，确保对桥梁的建设、运营、拆除回收全过程进行关注与思考。

（6）隧道绿色设计

铁路建设对环境影响最大的阶段是施工阶段，其中铁路隧道施工对当地生态环境的影响尤为重要。国外研究学者对铁路隧道施工时的环境保护问题做出了相应研究：Marta Gangole 等提出了一种在施工前阶段处理潜在不利环境影响的系统方法，该方法包括20项评估指标，且均以项目文件中的定量数据为依据进行评估。

国内学者在铁路隧道及生态环保方面已经形成一部分研究成果。关于隧道施工对环境影响的方面，金圣杰等从生态环境、水环境及地质环境三方面对隧道无限制排水所引起的环境影响进行研究，选取了多个环境评价指标，初步建立了隧道排放地下水的环境影响评价体系。根据该评价体系及隧道修建前后隧址区的环境变化，可对其环境影响严重程度进行评价，并为隧道是否需要限量排水给出建议；余璐璐等论述了隧道工程行为的内涵及其对生态系统的影响，分析了隧道工程行为的生态效应，包括物理效应、化学效应、生物效应和社会效应，提出了隧道工程行为生态化理念，从工程项目全过程的角度探讨了隧道施工生态化策略。田劲杰通过分析铁路长隧道的特点，研究与铁路长隧道建设有密切联系的生态环境影响，并建立一种切实可行的铁路长隧道生态环境影响指标的层次结构体系，而后提出基于多层次模糊综合评判的铁路长隧道生态环境影响综合评价的可行性。

（7）站房绿色设计

随着时代的发展和技术的进步，我国的铁路站房也不断发展。一百年来，我国铁路站房的设计与建设，在设计理念、建设规模和建筑技术上发生了巨大的变化，并反映着时代的进步。

19世纪末—20世纪20年代，我国的火车站多为国外建筑师设计，基本以沿袭和照搬欧美模式为特征，车站规模小、内部功能简单，外观大多为具有西方各国特色的古典主义风格的大杂烩。

20世纪30—40年代，我国自己的建筑师开始逐渐主导设计或参与其中，出现了外观中西合璧甚至完全模仿中国古代建筑式样的车站。

中华人民共和国成立后，随着国民经济的恢复，客流增长较快，而铁路车站的候车及行包面积普遍不足，节假日客流高峰时，甚至只能露天候车，全国大中城市的火车站亟待新建，只有北京站房比较完备。"文化大革命"时期，我国国民经济遭受严重破坏，站房建设停滞不前，很多亟待修建的大、中型站房一再搁置，出现了一些加建的临时性建筑，甚至有的只是搭建一个棚子以应付急需，大多数车站附近成了脏乱差的典型。

改革开放后，党和国家的工作重点转移到以经济建设为中心，铁路建设也开创了一个新局面。站房建设方面，改革开放之初就快速新建了一批站房，从20世纪80年代后期开始更是掀起了大型、特大型站房建设的热潮，相继建成许多直辖市和省会车站。这一时期的建设，无论规模、数量、建设速度、设计施工水平都是空前的。建筑设计思想和手法也随着改革开放的形势空前活跃，积极吸收外来设计思潮并与中国传统文化相结合，广泛采用新技术、新材料、新结构，僵化、封闭的格局被生动活泼的多元化创作思路所代替，形成了欣欣向荣的创作氛围。

这一批大型、特大型站房的设计注重总体布局，将站场、站房和站前广场三者作为一个整体统筹考虑，并与周边城市道路密切配合；充分利用站场上部空间设置高架跨线候车室，占天不占地，既缩短了旅客进站路程，又大大节约了线侧用地，还可以适应城市发展布局；综合性站房普遍被采用，旅客候车站房构成除原先的基本内容外，又引入了购物、餐饮、娱乐休闲、住宿等内容。

21世纪以来，铁路迎来跨越式发展时期，铁路站房设计也迎来了一个新的高潮。铁路站房设计将以人为本、绿色、环保作为铁路站房建设的主基调，以构建综合交通枢纽作为发展方向，采用新结构、新材料，增加设计美感，体现时代气息，并努力探索高新技术与传统文化的有机结合。综合考虑不同交通类型的合理驳接，与铁路站房统筹规划、有机结合，达到不同交通工具间的零换乘或短距离换乘，充分体现以人为本的设计宗旨；完善的无障碍设计也体现了对残障人士的关怀；建筑造型立足创新，追求卓越，室内空间更加灵活通透，视线更加开阔，钢结构在站房及无站台柱雨棚中广泛应用，同时各种新型混合结构、杂交结构也应运而生，充分展示现代化交通建筑的特点。

（8）环境保护与节能减排设计

随着全球生态环境的日益恶化以及各类资源的紧缺，世界上更多的国家开始将循环发展、可持续发展提到更高的位置，早在20世纪60年代，国外在铁路绿色施工方面就有了国家层面的相关规范。美国发布了《铁路美化规定》，成为世界上第一个发布以绿色环保为指导原则标

绪　论 CHAPTER 1

准规范的国家，并且于 1970 年率先将铁路环境保护的相关条例列入了法律，颁布了《国家环境政策法》。该项法律规定，建设项目的环境影响评估成为项目施工时必不可少的一部分。要求建设项目通过设立环境相关专业人员对有概率发生的环保问题进行评估，以保证建设方案是相对最环保的。1976 年，日本也颁布了《铁路绿化技术基准》，提出通过完善铁路工程建设过中的环境影响评价制度，从项目立项阶段开始，着手管控铁路建设项目对环境的影响。

除此之外，英、法、德等欧洲国家也根据国家发展情况对铁路设计、施工中的相关原则、办法做出了规定，在环保方面也通过环保投资占比的方式来约束建设项目实施过程中的非环保行为。同时，国外一些研究学者也对铁路施工时的环境保护问题做出了相应研究：Manta Gangolells 等以施工行为对环境的影响为研究对象，重点研究了此类影响的科学预测方法。Seung Hyun-Lee 等运用精益生产理论，提出了施工过程分析法（CPA），该方法可以对施工过程的资源浪费和时间浪费进行有效的识别和量化。Kibert 等认为，不仅施工中的质量、工期、成本是需要在绿色施工中倍加关注，还要同时兼顾考虑施工过程的环境保护，减小施工对周边环境的影响，并做到同时重视现场作业人员的生命安全和健康状况。

我国在铁路与环境协调发展方面做了很多工作，主要集中于噪声控制、振动控制、生态保护、列车垃圾处理等方面。我国于 1987 年颁布实行了《铁路工程设计环境保护技术规定》（TBJ 501—87）；在 1998 年正式发布《铁路工程环境保护设计规范》（TB 10501—98），并于 2016 年对其进行了修订。我国发布的《新建铁路时速 200～250km 客运专线设计暂行规定》（铁建设〔2005〕140 号）、《新建铁路时速 300～350km 客运专线设计暂行规定》（铁建设〔2007〕47 号）等，均对绿色铁路设计予以了重视，尤其是《高速铁路设计规范（试行）》（TB 10621—2009）"总则"中，明确要求"高速铁路设计应执行国家节能、节地、节水、节材和环境保护等有关法律法规"，并要求在设计过程中要注意"节能环保"，并将保护环境、水土保持以及文物保护放在重要位置。在相关标准及技术规范基础上，我国学者对高速铁路绿色评价做了相关研究：杨立中教授率领的绿色铁路研究团队，自 2005 年起在原铁道部和国家自然科学基金委员会的支持下，承担了我国"绿色铁路评价体系的研究"等项目，提出"绿色铁路"的概念。继杨立中教授等人之后，贺晓霞、鲍学英等人从节地、节能、节材、节水、室内环境质量、施工管理等七个方面对铁路客站进行了绿色评价。杨庆通过压力—状态—响应模型对铁路施工阶段进行分析，多角度、全方面对绿色施工进行评价。

1.5　高铁绿色设计理念

1.5.1　高铁绿色设计的定义

（1）绿色高铁的概念

"绿色高铁"中的"绿色"二字体现绿色集约意识，它使铁路设计及建设的视野从围绕着铁路本身扩展到铁路与环境的范围，是当前应对全球化气候变化的低碳战略在铁路领域的具体体现。绿色高铁强调铁路的可持续性，并不是要求也不可能要求绿色铁路像健康的自然生态系统那样能够自身维持其稳定性，而是用可持续发展理论指导绿色铁路的发展，考虑减少整个过程各环节对环境的破坏，达到环境保护和生态平衡，注重其在现有条件下环境破坏最小化、资源利用最大化的实现。

绿色高铁是以可持续绿色发展理念为引领，在规划、设计、建设、运营的整个生命周期内，以运行安全可靠、设计生态环保、资源低碳节约、管理智慧先进、环境景观融入、服务品质提升等为目标，通过综合运用各种措施，强化创新驱动，探索新能源、新材料、新设备和新工艺的应用技术和产品，最大限度保护环境、减少污染，实现安全、高效、舒适运行。

（2）高铁绿色设计的概念

高铁绿色设计，是在铁路规划、选线、设计阶段，以生态系统的良性循环为基本原则，基于绿色、环保、节能、低碳的设计理念，以最大限度地节约资源、提高能效、控制排放、保护环境为设计目标，综合运用各种绿色措施为人们提供安全、舒适、便捷、高效的出行服务，实现经济效益、社会效益和环境效益的有机统一，建设与自然和谐共生、可持续发展的铁路。

（3）高铁绿色设计的特征

绿色高铁建设是按照系统论方法，在铁路全寿命周期内，统筹铁路规划、设计、建设、运营、管理全过程，统筹铁路建设品质、资源利用、能源耗用、污染排放、生态影响和运行效率之间的关系，以最少的资源占用、最小的能源耗用、最低的污染排放、最轻的环境影响，获得最优的建设品质和最高的运行效率，实现外部刚性约束与铁路内在供给之间最大限度均衡的铁路建设工程。高铁绿色设计的主要特征可归纳为"全寿命、全要素、全方位""低消耗、低排放、低污染"和"高效能、高效率、高效益"。

与传统铁路相比，高铁绿色设计在内涵上有三个转变：一是从侧重铁路的功能因素、强调经济效益的传统建设思想，转变为整体考虑区域经济、环境、社会综合系统的可持续发展思想。二是从单纯注重铁路经济合理性、技术可行性的简单评价方法，转变为综合经济、节能、环保、景观、可持续发展的多目标评价体系。三是从重视当前利益关注代内公平，转变为注重保护生态环境、降低能源成本、促进材料循环利用，关注长远利益，统筹代际、代内公平。

1.5.2 高铁绿色设计的指导思想

（1）贯彻生态文明思想

"生态兴则文明兴，生态衰则文明衰"，生态文明建设要求强调"保护生态环境就是保护生产力，改善生态环境就是发展生产力"。党的十八大提出了统筹推进"五位一体"总体布局，要求将生态文明建设放在突出位置，融入经济建设、政治建设、文化建设、社会建设各方面和全过程。中共中央、国务院《关于加快推进生态文明建设的意见》，要求树立生态观念、完善生态制度、维护生态安全、优化生态环境，形成节约资源和保护环境的空间格局、产业结构、生产方式、生活方式。党的十九大将"坚持人与自然和谐共生"列为习近平新时代中国特色社会主义思想的基本方略之一。2018年，全国生态环境大会确立了习近平生态文明思想，强调了生态文明建设是关系中华民族永续发展的根本大计。

交通运输部于2017年4月1日出台《推进交通运输生态文明建设实施方案》，要求坚持保护优先、自然恢复为主，加强交通基础设施生态保护和修复，推进交通运输资源节约循环利用，优化交通基础设施布局，因地制宜强化生态环保举措，加快形成节约资源和保护环境的空间格局和生产方式，为铁路建设贯彻生态文明建设要求指明了方向。

铁路建设从侧重铁路的功能因素、强调经济效益的传统建设思维转变为整体考虑区域经济、环境、社会综合系统的可持续发展思维，统筹协调交通运输与自然资源、生态环境的关系，充分做好尊重自然、保护环境，与自然和谐发展，成为交通运输行业贯彻生态文明建设要求的重要体现。

（2）践行绿色交通理念

2015年10月，党的十八届五中全会提出了"创新、协调、绿色、开放、共享"五大发展理念。绿色发展着眼于对传统"高投入、高消耗、高排放"粗放式发展方式进行修正，是一种以全面提高人民生活水平为核心，以维护人类生存环境、合理保护资源与能源、有益于人体健康为特征的发展方式。绿色发展理念洞悉发展规律、深察民生福祉、彰显执政担当，是全体人民在发展问题上的"最大公约数"之一，是中国特色社会主义现代化建设规律性认识的最新成果。树立绿色发展理念，要求坚持节约资源和保护环境的基本国策，坚持走可持续发展道路，坚定走生产发展、生活富裕、生态良好的文明发展道路，加快建设资源节约型、环境友好型社会，形成人与自然和谐发展的现代化建设新格局。

交通运输部于2014年提出的"四个交通"战略任务中，将"绿色交通"作为引领，明确加快发展绿色交通是转变交通运输发展方式的重要途径和实现交通运输与资源环境和谐发展的应有之义，在《加快推进绿色循环低碳交通运输发展指导意见》《关于全面深入推进绿色交通发展的意见》中，要求构建绿色交通运输体系，对交通运输节能降碳、生态保护、污染防治和资源节约等提出了更高要求。

（3）支撑交通强国建设

改革开放以来特别是党的十八大以来，我国交通运输发展取得巨大进步，高速铁路、高速公路、港口、机场等交通运输基础设施在规模、客货运输量及周转量等方面均已位居世界前列。党的十九大明确提出建设交通强国的宏伟目标，吹响了从交通大国向交通强国转变的号角。

《交通强国建设纲要》高度重视交通绿色发展。在分阶段目标中，提出到2035年，智能、平安、绿色、共享交通发展水平明显提高；到21世纪中叶，基础设施绿色化水平位居世界前列。《交通强国建设纲要》提出了促进资源节约集约利用、强化节能减排和污染防治、强化交通生态环境保护修复三大任务,并要求深化交通运输与旅游融合发展。同时,《交通强国建设纲要》还要求大力发展智慧交通,推进数据资源赋能交通发展,加速交通基础设施网与信息网络融合发展,构建泛在、先进的交通信息基础设施。中国国家铁路集团有限公司(以下简称国铁集团)发布的《新时代交通强国铁路先行规划纲要》,对标国际先进标准水平,着眼加快推动铁路高质量发展、效率变革和动力变革,全面打造世界一流的铁路设施网络、技术装备、服务供给、安全水平、经营管理和治理水平,建设现代化铁路强国。国务院印发的《关于加快建立健全绿色低碳循环发展经济体系的指导意见》,要求提升交通基础设施绿色发展水平,将生态环保理念贯穿交通基础设施规划、建设、运营和维护全过程,集约利用土地等资源,合理避让具有重要生态功能的国土空间,积极打造绿色公路、绿色铁路、绿色航道、绿色港口、绿色空港。

作为国民经济大动脉、国家关键基础设施和大众化交通工具,铁路的绿色发展与交通强国目标实现息息相关。绿色铁路大力推动理念创新、技术创新、管理创新和制度创新,将绿色发展理念贯穿于铁路规划设计、建设、管理、养护、运营全生命周期,推动生态保护修复、水气污染防治、能源高效利用和新能源利用、信息化智能化标准化建设等方面的技术研究与应用,更加推动总体设计、路基、桥梁、隧道、环保、绿化等铁路各专业技术革新与工程品质升级,为交通强国建设提供重要支撑。

1.5.3 高铁绿色设计的基本理念

新建北京至张家口铁路(以下简称京张高铁)作为重要的奥运配套工程,同时沿线经过北京城区及大量风景名胜区,规划之初就采用绿色设计,着力打造绿色铁路。本书结合京张高铁的特点,归纳总结出高铁绿色设计的如下基本理念。

(1)安全可靠

安全可靠是高铁绿色设计的基础和保障,也是重要的绿色内涵之一。安全的绿色高铁设计要求对人体的安全和健康影响降到最低,同时确保运营安全、行车舒适、维护成本低,各种灾害的影响低,对生态无害或危害极小。遵循建管养一体化设计理念,选择合适的工艺、材料和技术,注重建设质量和工程耐久性,以达到最佳技术经济效益。

(2)生态环保

加强生态选线,依法避绕自然保护区、水源地保护区等生态环境敏感区。推行生态环保设计和生态防护技术,重点加强对自然地貌、原生植被、表土资源、湿地生态、野生动物等方面的保护,严守"三条"控制线,加强植被与表土资源保护和利用,落实环境保护、水土保持要求,做好临时用地的生态恢复,建设绿色铁路廊道。

(3)低碳节约

推进铁路清洁能源化、绿色低碳化,优化铁路用能结构,提升能源综合使用效能。科学布局线路和站场设施,按照"统筹规划、合理布局、集约高效"原则,统筹利用土地、通道、桥位、枢纽等通道资源。推广应用新型节能材料、工艺、技术和装备，加强新旧设施更新利用，推广建筑施工材料、废旧材料等回收循环资源化利用和节能设计。

（4）智慧先进

高铁智能化集中体现于服务体系智能化、安全管理智能化及生产质量智能化。推进高铁设计数字化升级，提升高铁智能化水平。加强北斗卫星导航系统、建筑信息模型（BIM）、大数据、物联网等数字化技术的应用，构建智慧先进的高铁建设体系，使得资源配置效率最优，实现经济效益、社会效益和环境效益的有机统一。

（5）景观融入

因地制宜，统筹规划，实现自然景观、历史文化等沿途景观资源与铁路的有机结合，使铁路自身线形、绿化植被、主要构筑物等与周边环境相协调，打造铁路绿色生态景观长廊。

（6）品质提升

聚焦旅客对美好旅行生活的需求，实施创新驱动，实现科学高效，强化建、养并重，完善标准规范，创建优质高效的服务供给，提升服务水平，提高出行质量，树立绿色高铁品质建设标杆。

1.5.4 高铁绿色设计基本原则

（1）立足标准化设计引领技术创新

大力推动理念创新、技术创新、管理创新和制度创新，强化创新的驱动与支撑作用，为高铁绿色设计注入强大科技动力。统一铁路全过程标准化设计，提高后期养护的便利性。实行铁路基础设施工厂化施工，构配件工厂化预制、装配化施工，保证工程质量，提高工程耐久性；建立标准化示范点，以点带面，全面推进标准化进程。

（2）立足生态化设计减少工程影响

高速铁路绿色设计中，充分贯彻"不破坏就是最大保护，循环利用就是最大节约，自然合一就是最大协调，以人为本就是最大和谐"等生态建设原则，充分保护邻近自然保护区、风景名胜区等生态敏感区，最大限度减少对地形、地貌的破坏，将高速铁路生态化设计最大限度地融入景观资源。着眼于人与自然的生态平衡关系，在设计过程的每一个决策中都充分考虑到环境效益，尽可能分级多层地利用资源，合理开发二次资源，实现构成产品或零部件的材料充分回收利用，延长铁路的服役时间、强度。

（3）立足统筹化设计实现绿色建造

高度重视高速铁路与环境、社会各方面、各要素的关系，提高资源和能源利用率，统筹高铁绿色规划、设计、建设、运营、管理、服务全过程，强调均衡协调，突出建、管、养、运并重，降低全寿命周期成本。同时结合铁路特点，贯彻"生态优先"理念，确定突破方向，开展有特色、有亮点、有系统的绿色建造统筹化设计。

（4）立足信息化设计强化智慧服务

利用信息化设计，准确把握高铁所在区域的环境和工程特点，利用云计算、大数据、移动互联网、BIM 等先进的现代化技术，从智能建造、智能列车、智能运营三个方向，推动高铁从数字化向智能化发展，实现铁路设备设施更加安全可靠、运营管理更加经济高效，展现中国高铁良好的社会形象，实现通畅、便捷、温馨的旅客体验。

（5）立足人本化设计凸显文化特色

高速铁路绿色设计应坚持"以人为本"原则，以为旅客提供安全便捷和温馨舒适的旅行体验为目标，充分挖掘高铁沿线自然山水、人文历史的文化符号标识，赋予高铁文化色彩和美学价值，凸显沿线文化底蕴，使旅客在乘坐高铁的同时，充分感受中国文化的魅力，构筑"畅通、安全、舒适、美丽"的文化高铁。

（6）立足精细化设计提升通道品质

贯彻服务提升理念，通过优化路域及站内景观，将区域沿线丰富旅游资源进行线性整合，提升旅游品位，强化景点的线状开发，打造高铁风景线，提升高铁乘客的体验，创造区域吸引力，提升通道品质服务，实现铁路旅游，通过品质服务带动服务型经济发展。

1.6 京张高铁绿色设计的意义

本书依托京张高铁，系统开展高速铁路绿色设计研究，立足高铁绿色设计基本理念，针对铁路对环境的不利影响，总结国内外高铁绿色设计最新成果，创新绿色设计技术，深入贯彻落实环保与节能设计，打造绿色高铁新标准，为创建绿色廊道、践行绿色设计、实现行业升级提供参考。

1.6.1 创建绿色高铁通道

京张高铁基于创建绿色通道的理念，充分结合自身建设条件，以构建完善的高铁生态系统为目标，以满足市民绿色出行为宗旨，通过恢复自然景观、完善生态廊道、丰富生物多样性、营建近自然地带性植物群落，重建了结构合理、功能完善的生态系统，实现了从生态建设、绿化美化到绿色发展的和谐统一目标。京张高铁绿色通道全线融合平原、山区的大地自然景观，因地制宜补充绿量、丰富景观设计，栽植常绿乔木、落叶乔木、亚乔木、灌木等多彩树木，打造集中连片、点线面结合的风景线，构建大尺度近自然郊野绿色景观廊道，突出大尺度景观变化，强调冬季彩色植物应用，体现四季景观，打造一条串联山水地景、体验北京自然与文化的风景廊道，一条落实绿色发展新理念的生态环保之路。

1.6.2 打造精品示范工程

紧密围绕京张高铁的功能定位、环境特征及技术需求，将绿色低碳理念贯穿于京张高铁

"设计—施工—运营"的全过程。通过对京张高铁建设关键技术的科技攻关和创新,从"安全可靠、生态环保、低碳节约、智慧先进、景观融入、品质提升"六大要素出发,集成创新形成绿色高铁技术,并在全过程采用绿色技术,全寿命实现绿色效益,打造精品示范工程,对推动绿色高铁建设技术在行业内的应用具有重要意义。

1.6.3 支撑冬奥交通保障

2019年12月30日,在京张高铁开通运营之际,习近平总书记做出重要指示:"京张高铁是北京冬奥会的重要配套工程,其开通运营标志着冬奥会配套建设取得了新进展,其他各项筹备工作也都要高标准、高质量推进,确保冬奥会如期顺利举办"。中国高铁服务好全球瞩目的冬奥盛会,不但可以向世界展示我国改革开放成就,还会进一步提高我国的国际形象和地位,促进我国与其他各国合作共赢。京张高铁设计集智能化、绿色化、信息化、机械化、数字化、环保化为一体,云计算、大数据、人工智能、BIM等先进技术的智能化土壤孕育了京张高铁的高科技基因;同时京张高铁利用北斗卫星导航系统和地理信息系统(GIS)技术,能够提供运营、调度、维护、应急全流程智能化服务。此外,列车内专门设计了滑雪板存放处和移动的新闻中心,方便随时观看奥运直播,为2022年冬奥会提供高质量的交通服务保障,成为一条保障冬奥重大活动的瞩目之路。

1.6.4 建设文化传承线路

京张高铁与老京张铁路拥有同一个起点、同一个终点、同一条路径,新的京张高铁将老京张铁路融入其中,从时速35km到350km,百年间,京张铁路见证了中国铁路的发展和变迁,京张高铁再一次赋予了老京张铁路新的生命。历史的积淀,时代的变迁和社会的变化,在京张铁路身上演变成了其他项目无法替代的铁路文化传承。京张高铁首次提出了文化设计的概念,同步开展了全线的"一站一景"设计,每一个车站都成为一道风景;除车站以外还对重点的隧道洞门、全(半)封闭声屏障、官厅特大桥的景观照明等进行了景观专项设计,使京张高铁成为一道高速飞驰的靓丽的风景线,使旅客在乘坐高铁的同时感受长城文化、京张文化和奥运文化。

1.6.5 树立高铁绿色名片

京张高铁设计全过程遵循绿色集约理念,营造首都"绿水青山图",全线开展了绿色景观设计。结合京张沿线自然环境,将全线划分为城郊风光、关塞风光、大泽风光、燕北风光、雪国风光五大景观分区。京张高铁在设计中尊重现状、保护自然,充分利用和保护沿线现有生态资源,营造山水林田深度融合的生态廊道;并通过增彩延绿、突出冬景,打造大尺度的近自然林,在体现森林生态功能和生物多样性的同时,突出冬奥主题、大国形象,成为生态文明指导下全面体现绿色发展理念的系统示范工程、绿色高铁建设的中国名片,引领我国高铁建设绿色转型发展。

CHAPTER 2
>>>> 第 2 章

京张高铁绿色设计与创新
THE GREEN DESIGN AND INNOVATION OF BEIJING-ZHANGJIAKOU HIGH-SPEED RAILWAY

一百多年前,中国铁路之父詹天佑主持建造了京张铁路,它连接北京丰台区,经八达岭、居庸关、沙城、宣化等地至河北张家口,全长约200km,1905年9月开工修建,于1909年建成。京张铁路是我国首条不使用外国资金及人员,由中国人自行设计、投入运营的铁路,从此打破了外国人垄断修建中国铁路的局面。

在当时的技术条件下,修建京张铁路最困难的一段是在南口至八达岭一带,不但地势险峻,而且坡度很大。在技术方面,采取了一系列创造性的措施,最重要的有三项:①为克服南口和八达岭的高度差,采用人字形展线,修建了青龙桥车站人字形铁路(图2-1),并结合采用了33.33‰的坡度;②八达岭隧道长度达1091m,开凿该隧道时采用中间竖井法,加快成洞的速度;③大量采用混凝土拱桥,就地取材,节省工费。因此,在较短时间内,用最低的费用顺利地完成了全线兴建任务。

a) b)

图2-1 京张铁路"人字形"展线与青龙桥车站

京张铁路在中国历史上具有重要的地位,它是工业文明走进中国的重要象征,也蕴含着坚忍不拔、自强不屈、奋发图强的民族精神,激励着一代又一代中国铁路人为建设铁路强国而不懈努力。

交通强国,铁路先行。如今中国铁路整体技术水平已经迈入世界先进行列,部分领域已经达到了世界领先水平。在老京张铁路旁边,一百余年后中国人再一次运用创造力和凝聚力建设了一条时速350km的智能化高速铁路,即京张高铁。京张高铁在詹天佑当年设计"人"字线的顶点下方4m穿过,将"人"字改写为"大"字,新老京张铁路完成历史交汇和文化传承。2019年12月30日,京张高铁开通运营。习近平总书记指出:"1909年,京张铁路建成;2019年,京张高铁通车。从自主设计修建零的突破到世界最先进水平,从时速35km到350km,京张线见证了中国铁路的发展,也见证了中国综合国力的飞跃。回望百年历史,更觉京张高铁意义重大。"

2.1 京张高铁概况

京张高速铁路,又名京张客运专线,即京包客运专线京张段,是一条连接北京市与河北省张家口市的城际高速铁路,线路自北京北站引出,向北穿过北京市城区,穿越居庸关长城、水关长城、八达岭长城，跨越官厅水库，终至张家口站。正线全长173.964km，其中北京市境内70.503km，河北省境内103.461km。全线桥梁共83座67.189km，隧道10座49.607km，桥隧比为67%；共设10座车站，分别为北京北站、清河站、沙河站、昌平站、八达岭长城站（地下站）、东花园北站、怀来站、下花园北站、宣化北站、张家口站。

京张高铁在下花园北站引出崇礼铁路，也称崇礼支线，其途经张家口市宣化区、赤城县，终点至崇礼区太子城站，全长约53km，与京张高铁共同组成2022年北京冬奥会服务线。

2.1.1 功能定位

（1）京张高铁是国家"八纵八横"铁路网干线的重要组成部分

京张高铁西接大张客专、大西客专，西北连接张呼铁路、集张铁路、集包四线，通过北京枢纽与京沈客专、京唐城际、京津城际、京沪高铁、京广客专等高等级快速客运干线相连，形成了西北、蒙西、晋北至京津冀、东北、华东等地便捷的快速铁路干线。京张高铁是"八纵八横"铁路网干线之一京兰通道的重要组成部分，是以承担西北与华北、西北与东北地区间以及华北地区内中长途客流为主的通道，对形成北京至呼包鄂便捷通道具有重要意义。

（2）京张高铁是京津冀城际铁路网的重要组成部分

京张高铁对于加强京张两地的合作、构建首都经济圈城际交通网具有重要的推动作用。规划的京津冀城际铁路网将以北京、天津为中心，以京津、京张、京石、京唐等城际线以及京沪、京广、京哈、京沈等省（市）际客运专线为主骨架；而京张高铁是其中最重要的线路之一，可形成京津冀铁路核心圈，从而为构建京津冀城际铁路网打下基础。京张高铁的修建，使张家口纳入北京"一小时经济生活圈"，兼顾市郊铁路功能，对于加强两地间经济联系、促进京西地区旅游发展、改善沿线地区交通运输条件、满足沿线地区日益增长的运输需求等具有重要意义。

（3）京张高铁是国家举办2022年冬奥会的重要交通配套基础设施

2015年7月31日，北京、张家口赢得2022年第24届冬季奥林匹克运动会（简称2022年冬奥会）的举办权。根据规划，冬奥场馆主要分布在三个赛区（北京赛区、延庆赛区和张家口赛区），张家口市崇礼区成为重要赛区。京张高铁与崇礼铁路构成北京市区至冬奥会崇礼赛区的快速交通基础设施，建设京张高铁是举办2022年冬奥会、配套奥运交通基础设施的需要。

因此，京张高铁既是2022年冬奥会的交通保障线，也是促进京津冀地区一体化协同发展的经济服务线；既是传承老京张铁路百年历史的文化线，也是展示中国铁路建设成果尤其是高铁建设成果的示范线，更是落实"一带一路"倡议和"走出去"战略的政治使命线。

2.1.2 技术标准

京张高铁铁路等级为高速铁路，正线数目为双线。作为兼顾长途跨线客流和城际功能的高铁项目，京张高铁速度目标值以其功能定位、与相邻线相协调等为主要考虑因素；北京市境内大部分段落线路速度目标值还受到环保、拆迁等因素控制，不具备按常规单一速度目标值运行的条件。因此在满足冬奥会赛区间 50min 运行时间、北京北至张家口 1h 运行时间要求条件下，结合沿线自然、社会、环保、人文等制约因素，提出了全线速度目标值分段方案。京张高铁线路平面示意如图 2-2 所示，沿线不同段落主要技术指标见表 2-1。

京张高铁主要技术指标　　　　　　　表 2-1

序号	线　别	段　落	线路长度（km）	设计速度（km/h）	轨道类型
1	京张高铁（173.964km）	北京北—清河	14.485	120	隧道及时速350km区段为无砟轨道，其余地段为有砟轨道
2		清河—北清路	2.923	160	
3		北清路—昌平	14.606	200	
4		昌平—八达岭	28.539	250	
5		八达岭—下花园北	62.524	350	
6		下花园北—张家口	50.887	250	
7	崇礼支线（52.84km）	下花园北—太子城	52.84	250	隧道内及桥隧集中地段铺设无砟轨道，其余地段为有砟轨道

2.1.3　自然环境特征

（1）地形地貌

京张高铁沿线经过地区大的地貌单元主要为平原区和低山丘陵区，其中低山丘陵区中分布山间河谷盆地。

北京北至南口段属北京平原，地形平坦，地势较低，高程一般在 150m 以下。本段地处北京市区及近郊区，沿线有地铁 13 号线、市郊铁路 S2 线、京张高速公路及各类市政、城乡道路，交通便利，多数地段建筑物密集。

南口至张家口段属低山丘陵区，以中低山为主，其中南口至八达岭穿军都山山脉，本段高程在 500m 以上，部分山峰高程超过 1500m，相对高差一般为 300～800m。其间分布有较大的山间河谷盆地，主要有怀来盆地、宣化盆地和张家口盆地，盆地内高程在 500～800m 之间，地形较为平坦。

崇礼铁路沿线经过低山丘陵区、平原盆地区、中低山区三个地貌单元，地势起伏较大，地形复杂。

（2）地层岩性

平原区及盆地内主要为第四系全新统地层，岩性为黏性土、粉土、砂类土和圆砾土等，局部分布湿陷性新黄土。山区大多基岩出露，包括凝灰岩、白云岩、花岗杂岩、安山岩、砂砾岩、泥质砂岩等。

图 2-2 京张高铁线路平面示意图

（3）地质构造

根据区域构造单元划分，全线均处于中朝准地台一级构造单元内。跨华北断坳、燕山沉降带及内蒙地轴三个二级构造单元。北京北部平原位于华北断坳之西北隅，张家口附近属内蒙地轴之南缘，因此全线大部地段均处于燕山沉降带内。该区域属阴山东西向复杂构造带东延部分，展布于北纬40°～42°之间，断裂构造十分发育，压性断裂为主，常呈北东向、东西向分布，穿越多条断裂带，其中全新世活动断裂4条。崇礼铁路处于华北地台之燕山断陷带西北宣龙复向斜，以开阔褶皱与高角度正、逆断层为主，伴有强烈的岩浆活动。

（4）气象特征

北京市属暖温带大陆性半湿润～半干旱气候，受季风影响形成春季干旱多风、秋季秋高气爽、夏季炎热多雨、冬季寒冷干燥、四季分明的气候特点。张家口地区则属于寒温带半干旱性气候区，冬季受强大的蒙古高气压控制，漫长、寒冷、干燥，夏季多雷雨，春秋多风沙。

京张高铁及崇礼铁路沿线多年平均气温4.2～13.3℃，极端最高气温38.3～41.7℃，极端最低气温-35.8～-14.5℃，最冷月平均气温-14.1～-3.0℃；多年平均相对湿度为47%～57%；多年平均降水量333.7～504.6mm，年最小降水量191.6～358.0mm；多年平均蒸发量1365.6～2191.8mm；最大风速13.6～24.0m/s，最大积雪厚度12～38cm。

2.1.4 环境控制点

京张高铁沿线经过或邻近多个自然保护区、森林公园、地质遗迹、风景名胜区等生态敏感区，且主要分布在北京市境内，工程沿线生态环境良好。线路两侧各1km范围内主要生态环境敏感点和文物保护点见表2-2。

京张高铁沿线环境敏感点 表2-2

序号	生态敏感区/保护区名称	类别
1	八达岭-十三陵国家级风景名胜区	风景名胜区
2	八达岭国家级森林公园	森林公园
3	野鸭湖自然保护区	自然保护区
4	野鸭湖国家湿地公园	湿地公园
5	中国延庆世界地质公园八达岭园区	地质遗迹
6	万里长城-八达岭	文物保护
7	水关长城	文物保护
8	京张铁路南口至八达岭段	文物保护
9	清河汉城遗址	文物保护
10	养鹅池遗址	文物保护
11	京密引水渠	水源保护区
12	官厅水库	水源保护区
13	怀来县地下饮用水水源保护区	水源保护区
14	宣化西水厂和样台水源保护区	水源保护区
15	吉家房及腰站堡饮用水水源保护区	水源保护区

2.2 京张高铁总体设计

京张高铁是国家规划实施的重点建设项目，是"八纵八横"通道之一京兰通道的东段，它的建设对于加快构建西北、内蒙古西部、山西北部地区快速进京客运通道具有重要意义，对增进西北地区与京津冀地区人员交流往来、促进西北地区与京津冀地区协同发展、成功举办2022年冬奥会都将发挥重要作用。

2.2.1 注重统筹设计

京张高铁的总体设计指导思想为：深入贯彻党的十九大精神和习近平总书记在北京城市规划建设和北京冬奥会筹办工作座谈会上的重要讲话精神，以"创新、协调、绿色、开放、共享"五大发展理念为引领，紧紧围绕强基达标、提质增效工作主题，全面落实原中国铁路总公司确定的全力打造京张高铁"精品工程、智能京张"的建设目标。

一项工程的整体水平首先要看设计，设计是所有工作的灵魂和源头，所以设计工程师在这方面下了很大的功夫。铁路运输的本质和目标就是更好地为人民服务，所以铁路的设计、建设要始终坚持"不忘人民铁路为人民的初心，牢记打造高标准铁路产品的使命"，特别是在新时代要充分体现高铁客站建设的"畅通融合、绿色温馨、经济艺术、智能便捷"的新理念，高度重视高速铁路与环境、社会各方面、各要素的关系，发挥高铁先导性和基础性作用。

2.2.2 强化系统设计

京张高铁、崇礼铁路设计全过程遵循绿色办奥理念，全线开展了绿色景观设计。根据沿线自然景观和人文景观，将京张高铁和崇礼铁路划分为五大景观分区，如图2-3所示。五大景观分区深入融合了沿线的自然资源、地貌特征、城镇布局、地域文化等因素，并以此作为开展全线景观设计的依据。

城郊风光段为北京北站至昌平站，地势平坦，视线开阔，兼具城市与田园风光。

关塞风光段为昌平站至八达岭隧道出口，层峦叠嶂，山势险峻，山林内容丰富。

大泽风光段为延庆支线岔口至怀来站，以官厅水库风光为主，视线开阔，沿途有大量的风电设备，现代化景观丰富。

燕北风光段为怀来站至张家口站，左拥洋河，右揽群山，充满塞上高原风情。

雪国风光段为崇礼铁路，丘陵区，地形起伏较大，掩映着古长城的雄姿。

在系统划分五大风光段景观分区的基础上确定各风光段的主色调，其中城郊风光段以"绿"为主、关塞风光段以"色"为主、大泽风光段以"碧"为主、燕北风光段以"青"为主、雪国风光段以"雪"为主，如图2-4所示。

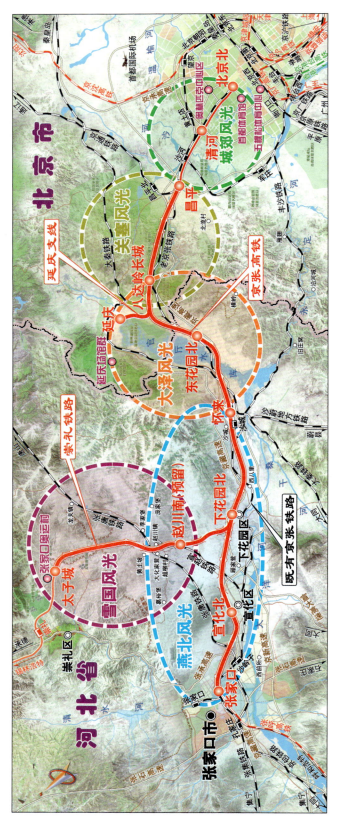

图 2-3 京张高铁、崇礼铁路系统景观分区示意图

图 2-4　五大风光段主色调

2.2.3　倡导创新设计

京张高铁自主研发新型智能列控系统、智能牵引供电系统、智能综合调度指挥系统以及新一代铁路移动通信系统，创新应用空天地一体化和智能化综合勘察设计装备技术，研发适应极复杂环境条件的超大、超深、超难工程建造装备技术，发展智慧工地等智能建造装备技术，以新型基础设施赋能智慧发展。全面推进"绿色设计"先进适用技术应用，提高高铁建设运营能源利用效率；简化产品结构，采用模块化结构设计和易于拆卸的连接方式，注重产品的标准化和装配化，并尽量减少紧固件数量。

2.3　京张高铁绿色设计的特点

2.3.1　环保性设计

2008年北京奥运会的三大主题是绿色奥运、科技奥运、人文奥运，2022年冬奥会的四大办奥理念为绿色办奥、共享办奥、开放办奥、廉洁办奥。"绿色奥运"已经成为奥运精神中重要的一部分。狭义的绿色奥运是指在申办、组织、举办奥运会的过程中，以及在受奥运会直接影响的举办奥运会之后的一段时间里，自然环境和生态环境能与人类社会协调发展，内容主要包括生态绿色、环境绿色等。广义的绿色奥运是指与奥运会相关的物质和意识上的绿色，这里的"绿色"，不仅是指狭义绿色奥运中的"绿色"，而且还指其他方面的与自然和社会发展相协调的思想和做法；其内容很广泛，包括物质绿色和意识绿色两大方面。绿色奥运，要坚持生态优先、资源节约、环境友好，为北京冬奥会打下美丽的中国底色。北京冬奥组委所有场馆建设、基础设施建设都落实"绿色奥运"理念，通过科技创新、技术革新等方式，促进人与自然和谐共处、自然景观和人文景观交相辉映。

京张高铁除了作为北京市区至冬奥会崇礼赛区交通基础设施外，沿线还穿越北京城区、八达岭景区、官厅水库等多个环境敏感区及历史、人文景点，对全线绿色、景观、文物保护等要求极高。因此，从选线、设计、施工到运营，无不以绿色、环保、节能为准则，实现绿色铁路目标，打造一条绿色、景观、人文铁路。

①在设计阶段，针对线路途经的每一处环境敏感区均奉行绿色、便捷、以人为本的选线理念。沿线穿越北京城区、八达岭景区、官厅水库等多个控制点及环境敏感区，在满足京张高铁运输功能要求、方便沿线旅客出行的前提下，最大限度降低对沿线城市规划条件及环境敏感区的影响。

②路基、桥梁、隧道、站区等地段开展绿色通道及景观设计。沿线绿色通道按一般绿化地段、重点绿化地段开展分段绿化建设，重点绿化地段以常绿树种为背景，通过植物的品种、规格、颜色、形状、花期和层次等进行组合配置，增强观赏效果；一般绿化地段的绿化建设达到稳固土体、改善环境的目的，形成立体多层绿化带。路基边坡按照"重点区域景观设计，一般区域生态设计"理念开展生态绿化及景观设计。桥梁开展标准化、模块化、环境保护及水土保持等绿色设计。隧道采用了绿色生态设计、环保及文保设计、八达岭地下站清污分离排水设计、全预制拼装设计等绿色设计技术，实现了全线区间地段铁路绿色设计。

③京张高铁站房践行"绿色、节能、环保"设计理念，是系统采用铁路绿色建筑标准进行设计并评价的首条线路，新建站房均达到二星绿色铁路客站标准，其中，清河站、八达岭长城站、怀来站、下花园北站、张家口站、太子城站达到三星绿色铁路客站标准。全线开展"一站一景"一体化设计，对京张高铁客站站区范围内站房、站区房屋、城市广场、景观绿化等进行统筹考虑。形成新京张高铁全线精神面貌，既是一站一景，又是一线一景，整体造型彰显时代特征。

④京张高铁开展了绿色铁路站房和建筑节能设计，各类站后工程开展了节能减排设计，包括牵引、变电、通信、信息、信号、电力、暖通给排水系统等，从源头上降低了能源消耗，提高了能源利用效率和能效水平。同时开展噪声防治措施设计、固废治理措施设计、水环境及大气环境等保护设计，取得了显著的经济效益和社会效益。

2.3.2 智能化设计

智能高速铁路，就是将云计算、物联网、大数据、移动互联网、BIM等先进的现代化技术，运用到高铁的设计、建造和运营中，推动铁路从数字化向智能化方向发展，实现铁路设备设施更加安全可靠，运营管理更加经济高效，客货服务更加温馨便捷，展现中国铁路良好的社会形象。

京张智能高铁是我国智能铁路最新成果的首次集成化应用，为实现智能铁路的建设目标，京张高铁进行了67项智能化专题科研。京张高铁智能设计可分为智能建造、智能列车、智能运营三个部分。智能建造如工程建设过程中采用清华园盾构隧道全预制拼装结构、八达岭长城站精准微损伤控制爆破技术、路基排水沟滑模施工技术、桥梁墩顶转体技术等；智能列车包括高铁列车Wifi全覆盖，实时提供全方位的资讯服务与奥运直播等；智能运营包括智能大脑统筹协调，工务、电务、供电系统智能管理与运维，刷脸进站，站内机器人智能导航，以及首次采用时速300～350km高速铁路自动驾驶技术（CTCS+ATO）等。

2.3.3 模块化设计

随着我国高速铁路设计技术的发展及国外先进技术的引进，模块化设计思想逐步深入到设计师的设计理念中。通过对高铁绿色设计进行梳理、对特点进行分析，再进行合理优化，可实现模块化设计。而铁路工程建设模块化技术应用应该在特定的理念指导下，本着"施工建设工厂化"的思路，也就是集中生产、集中管理与集中运输，以此来确保工程材料质量，为高质量、高水平的高铁安全施工打好基础。

相对于以往普通设计方案，模块化设计具备以下特点：大幅度节省设计时间；节省工艺行程安排；大幅度减少整套系统产品零部件数量。依据项目的不同，系统不同，模块化设计方案也会有所不同，但是通过对高铁设计的标准化以及对设计的模块化，能够极大地节省设计时间，提高工作效率。

2.3.4 融合性设计

站城融合源于 20 世纪初日本轨道交通站点及站域综合开发。第二次世界大战后，日本以"官民协动"方式构建功能复合的"民众车站"，其发展至今已成为集交通、商业、市政于一体的城市枢纽，以客站为中心构建的集约化城市成为日本现代城市结构的特色。我国高铁建设初期建设的大批高铁车站，属于我国第三代火车站，如北京南站、武汉站、广州南站、上海虹桥站等，其重要特征是干线铁路与其他对外交通方式如城际铁路、长途公路客运、水路客运、航空客运等集合设站，形成以铁路客站为中心，无缝衔接其他对内、对外交通的综合客运交通枢纽；城市交通配套方面也更加完备，尤其是城市轨道交通的引入，极大地提高了换乘效率，方便了旅客。近年来，随着国家支持鼓励站城融合发展配套政策的逐步完善，以公共交通为导向的发展理念（TOD）深入人心，越来越多的铁路客站和城市建设规划在前期就开始密切筹划，路地双方向着一个共同的目标努力。随着北京城市副中心通州站、广州白云站、杭州西站等一批创新客站方案的确定和付诸实施，中国的铁路客站建设终于进入了第四代发展时期，也可以称其为高铁客站的 2.0 版本。

在京张高铁北京枢纽和八达岭长城站的客站设计中，完美演绎了科学化的统一布局、现代化的功能融合和各种交通方式的无缝衔接这一"畅通融合"和"站城一体"的新理念，达到了"车站与城市、建设与运营、智能与服务"的完美融合，实现了铁路与城市的共同追求目标。

2.3.5 一体化设计

"一体化"是指多个原来相互独立的个体通过某种方式逐步融合成统一整体的过程，越来越多的一体化综合交通体的落成，是以总体规划和功能组织为基础，对使用需求、结构技术、内外空间、设施等多方面的深度结合，是实现集约化、多元化、高效化使用的必然需求。以打造"融合、绿色、智能、经济"新型综合交通枢纽车站、绿色车站为目的，将功能提升和空间高效的一体化设计思路贯穿京张高铁站房设计始末，其具体体现在站城一体化、站区一体化、建筑设计一体化等方面。

2.3.6 灵活性设计

以往的铁路设计原则上一条线一个标准，在京张高铁设计中打破常规，结合项目沿线周边环境、地形地貌特点、各方要求，因地制宜地合理选择不同的技术标准，同时不同标准均贯彻绿色设计理念，采用绿色技术。京张高铁全线涵盖了我国目前铁路客运时速 120～350km 的全系列标准，其中设计时速 200km 及以下标准线路占比 18%，设计时速 250km 标准线路占比 46%，最高设计时速 350km 标准线路占比 36%；此外，崇礼支线全部采用设计时速 250km 标准。如果说老京张铁路是"近代铁路发展的里程碑"，那么新京张高铁堪称"当代铁路建设的教科书"。

京张高铁涵盖了目前客运铁路全部设计标准，从时速 120km 至时速 350km，从有砟轨道至无砟轨道，是目前国内竣工及在建项目中技术标准最复杂、工程内容最繁杂的铁路项目，设计难度极大。

2.4 京张高铁绿色设计创新

京张高铁作为中国首条智能高速铁路 1.0 版本和国铁集团"精品工程，智能京张"总体要求的实践线，设计过程中全面贯彻绿色、环保、文保发展理念，开展铁路绿色设计，打造生态绿色铁路，取得了多项创新成果。

2.4.1 生态敏感区环保选线技术

京张高铁实现了复杂环境下绿色选线设计。京张高铁开展了穿越北京城区、八达岭景区、官厅水库等多个控制点及环境敏感区绿色选线设计，体现了绿色、便捷、以人为本的选线理念，最大限度降低了对沿线城市规划条件及环境敏感区的影响，同时满足了规划及环保、水保等要求。

2.4.2 景观绿化融合性设计技术

京张高铁设计全过程遵循绿色办奥的理念，结合京张沿线自然环境，创造性地提出了将全线划分为城郊风光、关塞风光、大泽风光、燕北风光和雪国风光五大景观分区，并据此开展了全线绿色通道和景观设计。

2.4.3 边坡无创化生态修复技术

结合京张高铁沿线自然气候特征，针对岩质路堑边坡难以采用植物绿色防护的难题，提出了土工材料辅助固土智能养护（Geosynthetics Plant Intelligence，GPI）岩质边坡植被再造技术及锚拉式岩质边坡绿色防护创新技术，在铁路边坡中应用绿色格宾防护设计开展岩石洞口边坡生态防护，开展沿线绿色通道景观设计和边坡防护植物生态多样性设计，深化路基边坡浅层高强土工格室固土防护技术及智能滴管灌溉技术，在保证边坡稳定的条件下减少了边坡结构圬工，实现了绿色、经济协调统一。

◎ 2.4.4　桥隧模块化拼装设计技术

京张高铁按照建设"精品工程、智能京张"的理念，积极推广工厂化、机械化和专业化：全线桥梁采用标准化、模块化设计，特殊条件下采用了永临结合的铁路连续梁墩顶转体设计技术；清华园隧道采用全预制拼装设计，为国内首次采用全预制拼装式轨下结构。桥隧模块化拼装设计技术减少了能耗，降低了环境污染，体现了铁路工程模块化、集约化的绿色设计理念。

◎ 2.4.5　低碳型绿色站房设计技术

京张高铁系统采用铁路绿色建筑标准进行设计并评价。面对新时代站房"绿色、节能、环保"的设计必然趋势和要求，京张站房践行低能耗、低污染、低排放的设计理念，系统采用铁路绿色建筑标准进行设计并评价。新建站房均达到二星绿色铁路客站标准，其中清河站、八达岭长城站、怀来站、下花园北站、张家口站、太子城站达到三星绿色铁路客站设计标准，清河站也成为了全国首个采用《绿色铁路客站评价标准》进行评价并同时取得美国绿色建筑委员会颁发的绿色能源与环境设计先锋奖金奖（LEED）金级预认证的车站。

京张高铁开展节能减排设计，创新绿色建筑节能技术措施，如设置下沉庭院、光导管加强自然采光；采用挑檐+可调节外遮阳构件有效降低太阳辐射热；采用磁悬浮变频冷水机组、空气源热泵等高效节能冷（热）源设备，积极采用发光二极管（LED）照明技术；利用中水等非传统水源；对室内污染物进行有效监控，保障旅客和工作人员健康等。

◎ 2.4.6　环境敏感区污染防治技术

京张高铁开展了沿线声环境、振动环境、水环境、大气环境、固体废物环境保护设计及文物保护设计：清河站创新性提出了密闭管道垃圾输送系统，实现了将垃圾通过管道输送到市政排污系统中；八达岭隧道精准微损伤控制爆破设计保护了长城、百年京张铁路等历史文化古迹的安全，八达岭长城站采用清污分离排水系统实现了车站用水和渗水绿色环保排放；官厅水库特大桥主桥拱形钢桁梁采用拼装顶推设计，创新设计了官厅桥雨水收集系统，提出了超耐候钢桥防腐涂装技术，保证了一级水源保护区生态环境影响最小化。

CHAPTER 3
>>>> 第3章

绿色选线设计
THE GREEN DESIGN OF RAILWAY SELECTION

铁路选线是铁路勘察设计工作中决定项目全局的重要工作，对造价、工期、安全、运营、社会影响及经济效益起决定性作用。在各类地形条件选线中，以复杂山区的铁路选线最为困难，其线路方案控制因素多且复杂。

京张高铁南口至张家口段地处低山丘陵区，以中低山为主，八达岭越岭段穿越燕山山脉的军都山支脉，山峰高耸，沟谷深切。同时，受其城际兼顾市郊铁路的功能定位、沿线经济据点分布等因素控制，线路不可避免地穿越了北京城区、八达岭景区、官厅水库等多个环境敏感区，因此绿色、环保选线是京张高铁选线设计过程中遵循的最重要的理念之一。如何在满足京张高铁运输功能要求、方便沿线旅客出行的前提下，最大限度降低对沿线环境敏感区的影响，是京张高铁选线的重难点问题。在京张高铁选线过程中，针对沿线每一处环境敏感区，均进行了充分的论证分析，最终完成了绿色环保、节约资源、以人为本的绿色选线设计。

3.1 绿色选线总体要求

3.1.1 铁路选线基本理念

随着社会经济的发展和科技创新能力的增强，铁路勘测设计技术手段也不断提升，铁路建设理念、设计思想也在与时俱进。目前，铁路选线基本设计理念主要有五类，主要为工程选线、经济选线、地质选线、规划选线和环保选线。铁路选线理念的变化分为三个发展阶段：中华人民共和国成立初期到 20 世纪 60 年代的选线理念主要为工程选线、经济选线；20 世纪 70—80 年代提出了地质选线；20 世纪 90 年代至今，规划选线、环保选线也成为线路方案设计重点。

（1）工程选线

新中国成立初期，国民经济基础薄弱，百废待兴，建设资金短缺，铁路建设主要满足国民经济战略发展的路网性线路需要，线路方案设计在照顾主要经济据点的情况下，尽量减少重点工程数量，降低工程投资。

（2）经济选线

线路走向的选择要靠近经济发达地区，经由主要经济据点（县以上的城市），方便旅客出行和货物运输，有利于促进地方经济发展。有条件时以客为主的线路要引入主城区，充分发挥车站的辐射力和影响力，推进车站及周边地区土地综合开发利用，形成铁路衍生经济，增加铁路建设的附加值。

（3）地质选线

山区通常具有"地质条件复杂，构造多、岩性复杂，不良地质多，不同地段地质条件差别较大、变化快"的特点，地质条件成为控制线路走向的关键因素。因此地形地质条件决定线路走向和具体位置，影响工程数量和工程投资，选择安全可靠、经济合理的线路方案是地质选线的主要任务。地质选线原则为"先绕避、后通过",线路尽量绕避重大不良地质区域,无法避让时应避重就轻,从影响较小的狭窄区域通过,并采取经济合理的工程处理措施。

（4）规划选线

首先要服从国家战略和国民经济发展的需要,符合铁路发展规划,从国家铁路网布局、铁路运输需求和运输结构合理角度出发,充分考虑铁路建设与沿线经济发展的关系,综合研究经不同主要城市的线路走向方案,即宏观走向方案。

在确定线路宏观走向的基础上,铁路线路经过较大的经济据点时,线路走向和车站的设置要与城市规划相结合,要与城市近远期规划、功能区划分、城市生态环境、景观特点、交通道路布局等相协调,使铁路与城市环境、人文环境相协调,满足城市规划要求。

（5）环保选线

在全面落实"创新、协调、绿色、开放、共享"的发展理念,推进生态文明建设,实现可持续发展新的历史时期,人民群众的环境保护意识越来越强,国家对环境保护的要求越来越严格,相关法律法规更加完善。因此,铁路线路方案设计中处理好铁路方案与环境保护的关系十分重要。铁路线路经常遇到的环境敏感区有：自然保护区、风景名胜区、水源保护区、文物保护区、军事保护区、城市居民区、学校、医院、危险品储藏区、动物养殖区、特殊企业厂区等。铁路选线设计要重视保护好生态环境、自然景观和人文景观,使铁路建设工程、人文环境、自然环境和谐统一。铁路遇到重要环境敏感区域的选线应首先进行绕避,当因铁路技术上的特殊要求或工程经济代价巨大而无法绕避时,才考虑在干扰较小区域通过方案。

综上,铁路选线设计,是一个涉及多专业、技术复杂、综合性强的工作。一个好的线路方案应综合考虑路网布局、区域经济、城市规划、地形、地质、环保、用地、投资等外界因素,将项目的功能定位、技术标准、工程措施、技术经济、投资控制等科学、合理地结合起来。

3.1.2 绿色选线基本要求

铁路环境保护"十五"计划就已明确指出,"十五"铁路环境保护重点工作之一是在建设项目的前期工作阶段,研究并实行绿色选线制度。因此,铁路工程设计时必须树立铁路基础设施建设与环境保护全面协调发展的全新思维方式,贯彻"铁路绿色选线"的新理念。

铁路绿色选线是指将各种环境敏感问题解决在铁路建设项目规划设计阶段,也就是在铁路选线中融入环保理念,综合考虑地形、地质、水文等自然条件,特别要考虑风景名胜区、自然保护区及生态环境因素对线路方案的约束,多方案进行环境影响的综合评价,选择出对环境影响最小的方案,同时最大限度地节约资源（节地、节能、节水、节材）。

绿色环保选线应遵循"预防为主、保护优先、开发与保护并重"的基本原则,达到"沿线珍稀濒危野生动植物不受影响,景观资源和景观不受破坏,江河水源不受污染,生态环境得以恢复"的目标,实现"生态、绿色"铁路。坚持"保护优先"原则,项目选线选址应严格落实生态保护红线要求，符合国家和地方的主体功能区规划、环境保护规划、城乡总体规划及其他相关规划要求。

在绿色环保选线之前，应广泛收集研究区域内各等级自然保护区、水源保护区、风景名胜区等环境敏感点分布及其功能区划分，了解并掌握各功能区对工程的制约性，明确环保等政策法规对铁路选线的要求，并征求主管部门意见。同时，应调查分析沿线区域内生态环境在平面、立面上的特点，结合环境敏感点分布及生态环境特点，绕避重要保护区等环境敏感点，尽量靠近既有交通走廊布设，减少对环境分割。

①绿色选线应贯彻保护农田、草地、林地、节约用地的原则，注意与沿线环境的协调，保护自然生态环境和尽量绕避自然保护区、风景名胜区和文物古迹等生态敏感区，必要时以隧道形式穿越敏感区，方便居民出行，服务城镇化。

②选线时应注意尽量避免频改大调或高填深挖，防止诱发新的水土流失；尽量避免穿越不良地质地段和特殊岩土地区，必须穿越时应缩小穿越范围，并采取必要的工程技术措施。

③线路设计应结合沿线的地形、地质、水文条件，进行线路方案比选及技术经济论证，保持线形连续、均衡，满足行车安全需要，创造和谐人文环境。

④线路应尽可能短直，减少山区范围内敷设长度，必要时以隧道、桥梁工程布设，减少对环境影响。要降低施工临时设施对环境的影响，减少施工便道修建及改扩建工程，合理选择弃渣场及混凝土拌和站等临时设施，综合进行多方案比较后选定方案，并合理选择工程形式，采取科学的工程措施及复垦措施，达到对生态环境"最低程度破坏、最高程度恢复"的目的。

◎ 3.1.3 环境敏感路段选线方法

环境敏感路段或生态红线范围内坚持"一绕、二比、三措施"的综合选线方法，积极寻求项目环境保护与投资、地质、功能等之间的最佳平衡点；一般路段也要树立和谐统一的思想，避免高填深挖，尽量减少对环境的扰动。

（1）线路经过自然保护区的选线设计

自然保护区分为生态系统类、野生生物类和自然遗址类，主要有湿地保护区、国家森林公园、野生生物保护区、地质公园等。《中华人民共和国自然保护区条例》规定："在自然保护区的核心区和缓冲区内，不得建设任何生产设施；在自然保护区的实验区内，不得建设污染环境、破坏资源或者景观的生产设施；建设其他项目，其污染物排放不得超过国家和地方规定的污染物排放标准……在自然保护区的外围保护地带建设的项目，不得损害自然保护区的环境质量。"

铁路选线遇到自然保护区应首先落实自然保护区的范围，线路尽量从保护区的边缘外通过。由于铁路技术条件要求或绕避方案引起工程投资巨大时，可以考虑从自然保护区的实验区通过，但必须要经过环保部门的批准。在保护区范围的线路尽量以隧道或桥梁形式通过，以减少对自然保护区的影响。

（2）线路经过风景名胜区的选线设计

风景名胜区是指具有观赏、文化或者科学价值，自然景观、人文景观比较集中，环境优美，可供人们游览或者进行科学、文化活动的区域。《风景名胜区条例》（国务院令第474号）明确规定："在风景名胜区内的建设项目应当符合风景名胜区规划，并与景观相协调，不得破坏景观、污染环境、妨碍游览。在风景名胜区内进行建设活动的，建设单位、施工单位应当制定污染防治和水土保持方案，并采取有效措施，保护好周围景物、水体、林草植被、野生动物资源和地形地貌。"

铁路选线设计尽量绕避风景名胜区，当无法避让时，应从核心区外缘通过，并不得破坏景观、污染环境、妨碍游览。

（3）铁路经过水源保护区的选线设计

《中华人民共和国水污染防治法》规定："国家建立饮用水水源保护区制度，饮用水水源保护区分为一级保护区和二级保护区；必要时，可以在饮用水水源保护区外围划定一定的区域作为准保护区……禁止在饮用水水源一级保护区内新建、改建、扩建与供水设施和保护水源无关的建设项目……禁止在饮用水水源二级保护区内新建、改建、扩建排放污染物的建设项目……禁止在饮用水水源准保护区内新建、扩建对水体污染严重的建设项目……县级以上人民政府可以对风景名胜区水体、重要渔业水体和其他具有特殊经济文化价值的水体划定保护区，并采取措施，保证保护区的水质符合规定用途的水环境质量标准。"

铁路线路经过水源保护区，势必造成附近水源水质的破坏和不同程度的污染，如果处理不当，会引发社会群体事件，项目实施中面临潜在社会稳定风险，应高度重视。因此铁路线路应在水源保护区的水域或陆域保护范围之外通过。

（4）铁路经过文物保护区的选线设计

《中华人民共和国文物保护法》规定："古文化遗址、古墓葬、古建筑、石窟寺、石刻、壁画、近代现代重要史迹和代表性建筑等不可移动文物，根据它们的历史、艺术、科学价值，可以分别确定为全国重点文物保护单位，省级文物保护单位，市、县级文物保护单位……文物保护单位的保护范围内不得进行其他建设工程或者爆破、钻探、挖掘等作业，但是因特殊情况需要在文物保护单位的保护范围内进行其他建设工程或者爆破、钻探、挖掘等作业的，必须保证文物保护单位的安全，并经核定公布该文物保护单位的人民政府批准，在批准前应当征得上一级人民政府文物行政部门同意……在文物保护单位的建设控制地带内进行建设工程，不得破坏文物保护单位的历史风貌；工程设计方案应当根据文物保护单位的级别，经相应的文物行政部门同意后，报城乡建设规划部门批准……建设工程选址，应当尽可能避开不可移动文物；因特殊情况不能避开的，对文物保护单位应当尽可能实施原址保护。"

（5）线路经过居民聚居区、学校、医院等环境敏感区

为方便旅客出行，铁路车站一般会设在城市中心或城市边缘。在铁路线路进入到城市区段，会引起城市集聚区的居民拆迁，同时铁路建设、运营过程中的振动、噪声、粉尘会影响沿线居民的生活。因此铁路选线设计中要充分征求当地政府和居民对线路方案的意见，尽量绕避学校、医院等环境敏感点，当无法绕避时要认真落实环境评价报告的评估意见，做好各种防护措施。

3.1.4 绿色环保选线流程

绿色环保选线首先应开展工程项目区域现场调查研究，收集相关资料，了解沿线环境概况，特别注意沿线影响线路方案的环境敏感区域，然后在地形图中准确标识出所需注意的敏感区域，开展符合规划要求、工程条件、地质以及环保要求的选线工作。进而对方案进行比选论证，召集项目参与方进行方案的研讨，组织相关专业进行方案会审，形成初步方案。通过线路、工程、施工组织的优化形成推荐方案并获批实施。其中，绿色环保选线的意识应始终贯穿项目设计研究全过程。具体技术流程如图 3-1 所示。

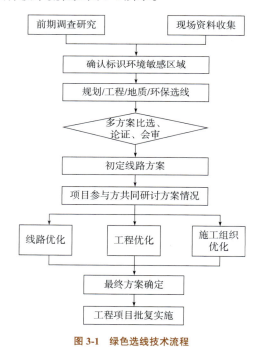

图 3-1 绿色选线技术流程

3.2 选线与规划

3.2.1 绕避与穿越——与铁路规划相容性

《国家铁路"十二五"发展规划》提出："建设北京～张家口～呼和浩特～包头四线，形成

京包包兰运输大通道。"《中长期铁路网规划（2008年调整）》提出："完善路网布局和西部开发性新线新建……新建北京～张家口～集宁～呼和浩特～包头线，形成北京至内蒙古呼包鄂地区便捷通道。"京张高铁工程建设符合《国家铁路"十二五"发展规划》和《中长期铁路网规划（2008年调整）》的路网规划和建设要求。

京张高铁选线阶段避绕了野鸭湖市（省）级自然保护区、中国延庆世界地质公园八达岭园区及国家级文物真觉寺金刚宝座、大慧寺、下八里辽墓、宣化城墙等环境敏感区（5km范围内），但局部线路工程无法完全绕避八达岭—十三陵风景名胜区及京密引水渠、官厅水库、怀来县地下饮用水水源保护区、宣化西水厂和样台地下水源保护区、张家口市吉家房地下饮用水源保护区等环境敏感区。穿越上述敏感区时，采用隧道或桥梁等对环境有利的线路形式，并采取绿色设计技术减小对环境敏感区的影响；涉及上述敏感区的拟建工程经过环保及专题论证，取得了相关行政许可文件。

◎ 3.2.2　融入与连接——与城市规划相容性

①京张高铁在北京市城区范围内利用既有京包线通道，没有新开辟交通廊道，且在中心城区段采用局部地下方案，符合北京市城市总体规划。同时，在北京市域范围内，京张高铁加强了北京市中心城区与昌平、延庆新城之间的联系，符合总规构建"两轴—两带—多中心"的城市空间结构；在区域范围内，京张高铁促进了北京市与张家口市等城市的快速连接，加强了北京与京津冀地区的联系，对促进构筑面向区域综合发展的城市空间结构发挥了作用。

②京张高铁连接了北京市和河北张家口市，京张高铁的建设加强了北京北站作为北京市主要客运站的地位，符合《北京城市总体规划（2004—2020年）》的交通发展策略及北京北站铁路枢纽定位的要求；加强了京津冀北区域城市间的联系，张家口市纳入北京、天津"两小时交通圈"，与促进区域协调发展的要求相符。

③北京是世界著名古都和历史文化名城，需重点保护北京市域范围内各个历史时期珍贵的文物古迹、优秀近现代建筑、历史文化保护区、旧城整体和传统风貌特色、风景名胜及其环境，继承和发扬北京优秀的历史文化传统。京张高铁选线设计除了穿越清河汉城遗址建设控制地带、万里长城—八达岭（含青龙桥、詹天佑铜像等）及延庆养鹅池遗址保护范围外，均不涉及北京市及河北省各级文保单位的保护范围。

④京张高铁属于非污染类的、国家重要的基础设施建设项目。北京段工程线路走向及车站设置均以利用规划交通廊道内的铁路用地为主，且与既有京包线和地铁13号线紧邻，没有对城市功能区产生新的切割，市区内线路走向与既有铁路基本保持一致，以桥梁形式或隧道方式跨越或穿越地面主干道，实施交通道口平改立后实现封闭化运行，符合《北京城市总体规划（2004—2020年）》的要求。在禁止建设区和限制建设区内，本工程以隧道形式穿过景区的核心景区，以桥梁方式通过景区的非核心区，最大限度地减少对重要保护目标的不利影响，同时

在线路两侧居民集中分布区路段采取声屏障、拆迁、限速等一系列措施，可以较好地维持或改善声环境质量。

3.3 科学选线布线

3.3.1 北京市五环内城区线路设计

北京市五环内线路外部条件复杂，沿线以教育、商业、住宅用地为主，分布有北京交通大学、北京航空航天大学、中国科学院、北京语言大学、北京林业大学、清华大学等高校，既有京包铁路与多条道路平交，分别为学院南路、成府路、双清路等，著名的五道口商圈就是因老京张铁路从北京北站出来的第五个平交道口而得名，铁路沿线经过百年发展和变迁已十分繁荣，但随着该地区交通量不断增大，京张铁路的分割经常造成交通堵塞。

京张高铁沿线经过的北京城区特别是五环内城区地下分布着大量市政管线，其中相当一部分是给水、排水、供电、热力等与民生直接相关的管线工程，给京张高铁设计和建设带来了前所未有的挑战。同时，既有京包铁路通道深入北京北站城市中心城区，线路两侧建筑物密集，分布多家企事业单位和多个居民区，未来京张高铁列车运行将产生大量噪声和振动等环境影响。

北京市五环内城区内京张高铁沿线环境敏感点分布见图3-2。

根据北京市政府意见并结合环保要求，设计单位在选线阶段认真研究了京张高铁在五环内的敷设方案，从工程地质条件、线路最大坡度、对市政交通和管线以及周边重要建（构）筑物的影响、防灾救援等不同角度研究五环内线路地下方案的可实施性，并对地下线方案、地面线方案、全地下线（北京北下沉）共三个设计方案进行了比选，线路剖面对比见图3-3。

（1）方案一：地下线方案

线路自北京北站引出，于学院南路南侧转入地下，依次下穿北三环路（上跨规划的地铁12号线）、知春路（地铁10号线）、北四环路、成府路、双清路、清华东路（上跨在建地铁15号线），转出地面再下穿北五环至清河站，该方案线路长度11.266km，其中隧道长度6.02km，隧道比例53.43%，工程投资40.11亿元。

老京张铁路与学院南路、成府路、清华东路等道路为平交形式，导致城市东西向道路交通联系不畅、用地分割；此外北京地铁13号线站点繁忙，早晚高峰人车相互干扰，导致道口交通秩序混乱。京张高铁采用地下线方案，为缝合此前被铁路割裂的两侧用地功能、促进沿线城市功能提升和转型提供了难得的机遇。

（2）方案二：地面线方案

线路自北京北站引出依次上跨学院南路（道路下挖改造）、北三环、知春路、北四环、成府路及双清路（铁路原位高架），下穿北五环至清河站，该方案线路长度11.266km，其中桥梁长度1.744km，桥梁比例15.48%，工程投资31.76亿元。

图 3-2 北京五环内京张高铁沿线环境敏感点分布图

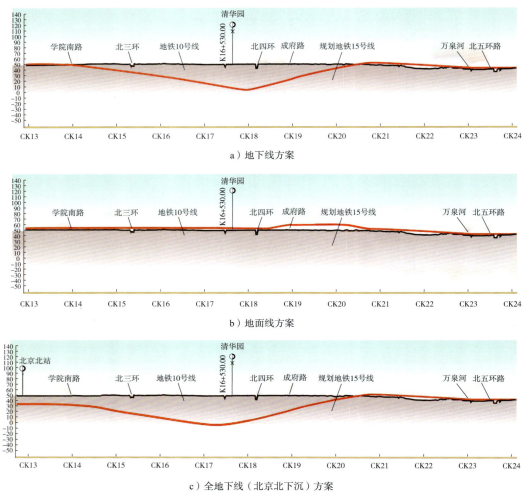

图 3-3　地下线、地面线、全地下线（北京北下沉）方案剖面对比示意图

（3）方案三：全地下线（北京北下沉）方案

在京张高铁设计、建设阶段，关于北京北站是否下沉一直是北京市部分人大代表关注的焦点。在项目的实施过程中，对该方案进行了研究。受北京北站北端转河控制，北京北站车场需下沉约 20m，规模按照 6 台 11 条到发线考虑（与原规模一致），设 550m×11.5m×1.25m 站台 5 座、450m×11.5m×1.25m 站台 1 座。保留既有站房不动，旅客的进出站利用既有设施。既有站房地下一层站厅层与下沉后站厅层同层进出站。通过下沉后站厅层的楼扶梯直接下至站台层，实现旅客进出站。经分析，该方案由于车场规模及埋深均较大，在施工期间存在风险高、渣土运输对周边环境影响大、需对北京北站内文物迁移还建等问题，运营期间存在不利于防灾救援、车站运营养护维修困难等问题。

3.3.2　方案比选及线路设计

全地下线（北京北下沉）方案在总工期、施工期环境影响、文物保护、工程投资、运营期维护等方面问题较突出，因此在方案初步比选后不再深入研究。对方案一和方案二进行了环境影响分析及综合比选，从生态环境、环境敏感区、声环境、环境振动、大气环境、施工与运营风险及经济性等方面进行详细分析，如表3-1所示。

主要比选方案环境影响分析及综合比选　　　　　　　表3-1

比选项目		方案一（地下线方案）	方案二（地面线方案）	比选结论
生态环境	线路长度（km）	11.266	11.266	相当
	土石方（万m³）	92.5	52.3	方案二优
	占地情况	地面线路原则利用既有铁路用地，但地面线长度短于方案二	增二线原则利用既有铁路用地	方案一优
环境敏感区		CK21+700～CK22+252紧邻市级文物清河汉城遗址建设控制地带，距保护范围100m	CK21+700～CK22+252紧邻市级文物清河汉城遗址建设控制地带，距保护范围100m	相当
声环境		最大限度绕避了集中居住区，涉及噪声敏感点10处，最高25层；预测近期噪声值为昼间51.2～65.4dB(A)，夜间46.4～57.2dB(A)，其中京张高铁噪声预测值为昼间38.3～53.9dB(A)，夜间31.2～46.6dB(A)	地面线紧邻地铁13号线，声环境现状值较高，比选范围涉及36处集中居住区、学校等噪声敏感点，最高25层；预测近期噪声值为昼间55.3～68.5dB(A)，夜间48.2～60.1dB(A)，其中京张高铁噪声预测值为昼间41.5～58.6dB(A)，夜间35.4～52.1dB(A)	方案一优
环境振动		比选范围内振动敏感点3处，地面段振动预测值与方案二相当，地下段预测值较方案二小	比选范围内振动敏感点14处，振动预测值64.8～79.5dB	方案一优
地下水环境		方案一主要为隧道工程，隧道区段地下水埋深较浅，对地下水径流、水位、水量影响较大	方案二主要为路基和桥梁工程，工程建设对地下水径流、水位、水量影响很小	方案二优
工程风险		带状与节点风险并存，且部分风险为高度，施工与运营风险并存	工程均位于地上，为常规风险	方案二优
大气环境		方案一有地下隧道通风设施，但其对大气环境影响小	采用电力牵引，比选范围内车站采暖均利用市政供热，大气环境影响小	相当
社会影响	市政工程影响	线路以隧道形式下穿城市道路及市政管线，对市政工程影响较小	需对学院南路进行下挖改造，同时引起道路下方多条市政管线迁改，对市政工程影响较大	方案一优
	社会风险	最大限度地减轻了工程对沿线集中居住区及其他单位的影响，也较大限度地减缓了不安定隐患	涉及36处集中居住区、学校等噪声振动敏感点，地面线方案存在社会不安定隐患	方案一优
经济性（亿元）		40.11	31.76	方案二优

由表3-1可以看出，方案一（地下线方案）虽然存在着工程投资高、施工风险大等缺点，但由于本段线路位于北京市核心城区内，对周边环境的影响是评价本段线路方案最重要的因素，与地面线方案相比，地下线方案将对环境敏感点的影响由地面方案的36处降低至10处，有效地减小了对周边环境的影响；除此以外，将铁路转入地下，消除了学院南路、成府路、双清路平交道口，打通了东西向的交通，同时也为后期北京市规划的京张铁路遗址公园奠定了基础。通过综合对比分析，最终确定方案一（地下线方案）为推荐方案，充分体现了绿色环保选线的理念，同时确保了京张高铁项目的顺利推进。

3.4 集约利用通道

土地资源是人类赖以生存和发展的物质基础，也是经济建设的重要资源。当前，土地资源短缺问题日益成为制约我国经济社会可持续发展的瓶颈，《国务院关于促进节约集约用地的通知》（国发〔2008〕3号）中明确要求将节约集约用地落实到各项建设中。因此，在铁路设计过程中要合理利用土地，坚持少占农田、耕地原则，尽量使用荒地和劣质地。京张高铁由于其特殊的地理位置，沿线土地资源稀缺，征地拆迁费用巨大，因此在绿色选线阶段利用现有公路或铁路通道全面开展"共通道设计"，以减少新增永久用地，避免对城市或规划进行多次切割。

3.4.1 沿既有京张铁路共通道设计

京张高铁在北京北至昌平段，始于北京市核心城区，途经中心城区，位于高端创新集聚发展轴走廊。沿线毗邻"三山五园"地区，历史悠久；高等学府林立，科研机构众多，文化氛围浓郁；五道口商圈繁华，尽显时尚潮流活力。综合考虑沿线环境保护、文化特色、城市规划、时间目标值以及工程建设成本，力求打造优质、人文、绿色的精品铁路工程，京张高铁在北京北至昌平段选择沿老京张铁路廊道走行，避免对城市的再次分割，最大限度减少了沿线的征拆，降低了社会风险以及工程投资，为项目的顺利建设奠定了坚实基础。

根据京张高铁的客运量，结合规划、服务效果、交通接驳条件等方面因素，京张高铁在五环外老京张铁路沿线增设了清河客站，打破了传统高铁在一个城市内"一线一站"的传统枢纽布局，形成"双站新布局"，避免超大型客站"城中城"的现象，有效减轻了西直门地区以及沿线城市轨道交通的交通压力，降低了交通拥堵对于城市环境的不利影响。图 3-4 为利用既有京张铁路通道选线设计示意图；图 3-5 为利用既有京张铁路通道原址建设京张高铁实景图。

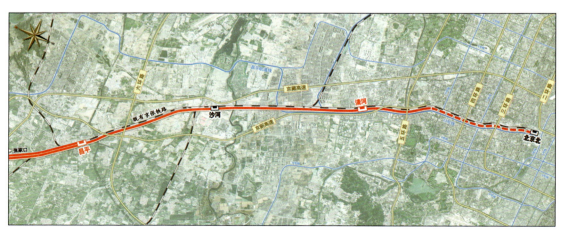

图 3-4　利用既有京张铁路通道选线设计示意图

绿色选线设计 CHAPTER 3

图 3-5　利用既有京张铁路通道实景图

3.4.2　京藏高速公路共走廊设计

根据线路总体走向，京张高铁势必穿越官厅水库水源保护区。针对穿越官厅水库段线路方案，设计阶段进行了多方案论证，最终选择了与京藏高速公路共通道、跨越水域面积最小的方案。该方案于京藏高速公路桥北侧约 60m 处通过，穿越官厅水库水域长度约 900m。在水域范围内，桥梁墩台与京藏高速公路对孔布置，采用 8 孔 110m 简支钢桁梁桥，减少对官厅水库水体影响。如图 3-6 所示。

图 3-6　官厅水库区与京藏高速公路共走廊设计

3.5　生态环保选线

3.5.1　八达岭越岭段线路设计

"路从此分，四通八达，故名八达岭，是关山最高者"。八达岭是峰峦叠嶂的军都山中的一个山口，地形特殊，历代乃兵家必争之地。八达岭长城更是天下九塞之一，是万里长城的精华和杰出代表，高超的建筑技艺和不朽的艺术价值，充分体现了中国古代劳动人民的智慧和力量。

八达岭长城于 1987 年 12 月 11 日被联合国教科文组织世界遗产委员会列为世界文化遗产，也是国家级重点保护文物。目前确定的长城遗产区面积即核心区共计 264.63ha；缓冲区面积为 1375.90ha。八达岭长城遗产区内主要遗产保护要素包括长城主体、敌台、烽火台、砖瓦窑、城堡等。其中代表性的城堡为岔道城，位于八达岭关城西北 1500m，该城堡与八达岭关城共同构成了居庸关防守的纵深防线；古城呈东西向不规则长方形，城堡东、南、北三面环山，南侧临八达岭公路与京包铁路，城内可遥望长城与烽火台。如图 3-7 所示。

图 3-7 八达岭长城

京张高铁八达岭越岭段线路途经昌平区、延庆区、怀来县等经济据点和八达岭景区，结合本项目城际铁路兼顾市郊铁路的功能定位以及北京市政府提出的同步修建延庆支线的相关要求，在设计阶段分别对八达岭景区设站方案、绕避八达岭景区方案、南口取直方案进行了重点研究，如图 3-8 所示。

图 3-8 八达岭越岭段方案示意图

（1）八达岭景区设站方案

线路自昌平站引出，经南口镇东侧，以两座 3km 隧道和一座 12km 隧道群越岭，出隧道后经康庄镇北侧，后并行京藏高速公路跨越官厅水库至比较终点，线路全长 57.5km，桥梁长度 22.5km，隧道长度 18km，桥隧比 70.43%，同步修建延庆支线 9.3km。

（2）绕避八达岭景区方案

线路自昌平站引出，经南口镇南侧，以一座 25.5km 长隧道越岭，出隧道后并行京藏高速公路跨越官厅水库至比较终点，线路全长 49.4km，桥梁长度 10.8km，隧道长度 25.5km，桥隧比 73.48%，同步修建延庆支线 23.6km。

（3）南口取直方案

线路自昌平站引出，经南口镇南侧，以一座 20.7km 隧道越岭，出隧道后并行京藏高速公路跨越官厅水库至比较终点，线路全长 51.1km，桥梁长度 19.9km，隧道长度 20.7km，桥隧比 79.45%，同步修建延庆支线 15.9km。

绕避八达岭景区方案虽然线路长度最短，但沟通延庆的联络线工程代价最大，同时远离了八达岭景区，不利于旅客的出行，且越岭隧道长达 25.5km，工程大、工期长，首先予以舍弃。南口取直方案虽然较八达岭景区设站方案线路长度短，但线路远离了八达岭景区且无法设站，延庆支线接轨也十分困难。八达岭景区设站方案因综合考虑正线和延庆支线工程投资最省，且在八达岭景区内采用隧道穿越，设置地下车站，与景区充分融合，服务便利，有利于地方经济发展和吸引客流，充分发挥本项目作为城际兼顾市郊铁路的功能，被最终选择采用。

3.5.2 八达岭站位选址

在京张高铁修建前，到八达岭景区旅游有两种交通方式供游客选择，一种是公路交通，另一种是铁路交通。选择公路交通的游客可经京藏高速公路或京藏高速公路辅路到达八达岭景区，但由于距离主登城口最近的滚天沟停车场泊车数量有限，大部分游客只能将车辆停放在黑龙潭停车场或岔道西停车场，之后搭乘景区内接驳车或步行约 2.3km 到达主登城口；选择铁路交通的游客可搭乘市郊铁路 S2 线通过老京张铁路到达八达岭站，下车后步行约 1.3km 到达主登城口。不论是公路交通还是铁路交通，对于游客出行均有不便，同时大量的游客造成京藏高速公路、京藏高速公路辅路以及景区内道路常年拥堵。在京张高铁确定了越岭线路方案后，需要在景区内选择合适的车站位置，为游客提供较既有方式更加环保、便捷、绿色的出行方式。为此分别研究了滚天沟地下站方案和程家窑地面站方案（图 3-9）。

1）滚天沟地下站方案

地下站位于滚天沟停车场北侧山体下方，地面站房位于滚天沟中部，距长城入口 800m，距北索道 300m，游客可步行直达长城入口，该方案无须地面交通接驳。

2）程家窑地面站方案

车站位于程家窑村西侧，距黑龙潭停车场 2.5km，距八达岭长城入口约 7.2km，站位距长城入口较远，需在景区配套建设交通接驳设施。由于现状景区内公路交通量已趋于饱和，交通拥堵严重，需要对既有交通线路进行全面改造扩建，但受周边长城保护区、军事禁区、学校、铁路平交道口等限制条件影响，改扩建难度极大。

图 3-9　八达岭站位方案示意图

3）方案对比分析与选线意见

滚天沟地下站方案和程家窑地面站方案环境影响分析详见表 3-2。

八达岭越岭段方案环境影响综合分析　　　　　　　　　表 3-2

比选项目	滚天沟地下站方案	程家窑地面站方案	比选结论
对八达岭景区规划的影响	隧道穿越核心景区；车站为地下车站，位于核心景区隧道内	隧道穿越核心景区；车站站位位于景区外围地带，配套地面交通设施位于核心景区，对景区规划影响大	滚天沟地下站方案优
景观影响	车站在核心景区地下，结合隧道进行施工；建成后方便游人参观游玩，不需要增加地面配套公共交通设施，与景区景观的可协调性好	车站远离核心景区，施工期影响较小；建成后不方便游人参观游玩，需要增建配套地面公共交通设施，与景区景观可协调性差	滚天沟地下站方案优
生态环境影响	车站位于地下，占地面积小，对植被等破坏小，生态影响小	车站位于地面，需配套建设地面交通设施，大量增加占地，对生态影响较大	滚天沟地下站方案优
声环境影响	车站位于地下，且地面站厅周边没有居住区，声环境影响小	车站位于地面，与程家窑村庄约 250m，环境影响较大	滚天沟地下站方案优
旅游服务功能性及便捷性影响	地下站的设置可将游客直接输送至景区，与步道入口及索道入口距离较近，减少了游客的走行距离，更加方便旅游客流	地面站相距景区较远，采用接驳线接驳，会增加游客换乘次数，延长旅客旅行时间，服务性和便捷性差	滚天沟地下站方案优

续上表

比选项目	滚天沟地下站方案	程家窑地面站方案	比选结论
运营风险	工程位于地下，疏散、管控等相对受限，安全风险相对较大，但可控	地面站为常规工程，旅客在地面疏散，风险相对较小	程家窑地面站方案优
大气环境影响	车站位于景区入口附近，不需要地面配套交通设施	车站远离核心景区，考虑增设的其他地面配套交通设施，将会对景区大气环境等带来不利影响	滚天沟地下站方案优
文物影响	穿八达岭长城两次、京包铁路一次；位于全国重点文物保护单位Ⅴ类建设控制地带（缓冲区）	穿越水关长城一次、八达岭长城两次、京包铁路一次；不属于文物控制范围	相当

（1）对景区环境影响分析

地下站方案中，乘客在滚天沟内进出车站，步行即可到达长城入口，无需修建交通接驳设施，可以减少对景区道路和交通影响，缓解旅游旺季交通拥堵状况。地面站方案中，乘客需通过汽车接驳至长城入口，对于景区内公路交通拥堵无明显改善，同时还进一步加剧了既有康辛路的交通压力；地面道路交通带来的压力、尾气污染等对景区的影响较大。

（2）旅游客流服务功能性、便捷性分析

地下站方案可将游客直接输送至景区入口，与步道入口及索道入口距离较近，减少游客的走行距离，更加方便旅游客流；地面站方案相距景区入口较远，若采用小容量轨道交通接驳，会增加游客换乘次数，延长旅客旅行时间，服务性和交通便捷性相对较差。

（3）运营安全风险分析

地下站工程位于地下，疏散、管控等相对受限，安全风险相对较大，但通过采取一定的措施后，安全风险可控；地面站与地下站相比而言，为常规工程，旅客地面疏散条件好，安全风险较小。

（4）工程经济性分析

地面站方案工较地下站方案铁路部分工程总投资少72636.1万元，但考虑地面接驳设施工程投资，地面站方案工程较地下站方案工程总投资多94768.65万元。另外，据国家发展和改革委员会综合运输研究所测算，八达岭地面站方案与地下站方案相比，每年旅客运输接驳经营费用增加3691万元，旅行时间延长成本增加17430万元，车站经营成本减少1500万元，三项合计增加19621万元。以项目运营期30年考虑，地面站方案比地下站方案新增费用32.94亿元。

综上所述，地下站方案和地面站方案，在技术上均可行，不论在建设阶段还是运营阶段，采取针对性措施后，安全风险是可控的。地面方案虽然工程投资小，施工和运营安全风险相对小一些，但对于旅客出行无明显的改善，不但没有缓解八达岭保护区核心区内道路的拥堵问题，还增加了既有康辛路的交通压力，同时地面交通的尾气污染对景区会造成较大影响；地下站方案旅客出行方便，运输方式低碳、环保、安全、快捷，而且长期成本比地面站更低。因此，从旅客服务水平、技术、经济、环保等方面综合分析，最终推荐采用地下站方案。八达岭长城站选择地下站方案，充分体现了绿色、便捷、以人为本的理念。

CHAPTER 4
>>>> 第 4 章

路基绿色设计
THE GREEN DESIGN OF SUBGRADE

自 2000 年国务院发布《关于进一步推进全国绿色通道建设的通知》（国发〔2000〕31 号文），首次提及绿色通道建设以来，为规范和指导铁路绿色通道建设，铁路部门相继下发了多项标准和技术文件，开展铁路绿色通道建设。2004 年底，胶新铁路绿色通道建设模式与生物防护技术研究通过专家鉴定，首创了生物技术工程防护与生态林、经济林相结合的新方法，成为我国第一条铁路绿色通道，拉开了我国铁路绿色通道建设的序幕。

京张高铁在建设过程中，全面深化绿色通道建设要求，按照"一般地区满足生态需要，重点地区满足景观需求"的理念，开展了京张高铁路基边坡植物景观与生态防护设计，取得了 GPI 岩质边坡植被再造技术及锚拉式岩质边坡绿色防护技术两项技术创新，深化高路堤边坡浅层高强土工格室固土防护技术及智能滴管灌溉技术研究。以京张高铁设计为依托，制定了《铁路工程绿化设计和施工质量控制标准（北方地区）》（Q/CR 9527—2020）新标准。

4.1 铁路绿色通道建设

4.1.1 绿色通道建设的内容与目标

绿色通道建设是我国国土绿化的重要组成部分，其主要任务是对公路、铁路、河渠堤坝沿线进行生态修复、绿化美化。铁路绿色通道建设是全国绿色通道建设的重要组成部分，主要内容包括 5 个方面：①用地界内路基的绿化工程；②隧道洞口边、仰坡的绿化工程；③桥台锥坡、墩台边坡及桥下的绿化工程；④站区绿化工程；⑤其他场地绿化工程。

铁路绿色通道建设的主要目标包括：①稳固路基，保持水土，防风固沙，减轻、防止自然灾害；②绿化线路，美化路容，建立安全屏障，保护轨道和铁路用地；③改善环境，调节气候，净化空气，建设生态文明；④提升运输服务质量，树立企业形象，促进和谐铁路建设。

实施铁路绿色通道建设，不仅能够保护铁路，改善沿线生态环境，全面推进全国城乡绿化美化向纵深发展，而且能够促进沿线地区的农业结构调整，改善和优化沿线地区社会经济环境，加强社会主义物质文明和精神文明建设，对于构建和完善我国总体绿化格局具有重大而深远的意义。

4.1.2 绿色通道建设的基本原则

绿色通道建设要遵循因地制宜、安全可靠、经济适用、兼顾景观和综合防护的原则。

①因地制宜：根据不同的自然地理条件和工程条件，选择适宜的防护措施、植物种类、种植时期和养护方法，达到绿色通道建设的目的。对于非宜林地段，在经技术经济论证后确定是否进行绿色通道建设。

②安全可靠：绿色通道不仅要保证工程的稳定，还需注意所采用植物的高度、冠幅、根系等不能影响行车安全和通信线路、电力线路及其他建筑物的安全使用，所采用的植物种群，

不能对当地的物种造成侵害。

③经济适用：通过方案比选、优化设计，利用有限的资金，达到绿化美化的最佳效果。同时采用的绿化措施要易于后期管护，尽量减少运营期养护工作及费用。

④兼顾景观：绿色通道建设在考虑工程安全的基础上，还需要结合环境条件、功能需求及地方经济条件等，选择经济多样的植物，形成与当地相适应的自然景色或森林景观，以营造良好的铁路沿线生态环境。

⑤综合防护：边坡防护是生态型的综合防护，根据具体条件单独采用植物防护，或采用植物防护与工程防护措施相结合的方式，既保证边坡的稳定，又改善生态环境。

◎ 4.1.3 铁路绿色通道建设的基本要求

1）总体要求

（1）提高建设标准

根据调研近年来铁路行业绿色通道建设经验，明确适合我国各个区域气候条件下推荐采用的乔木、灌木树种和草种，提高了标准的可操作性，全面细化植物配置、种植密度、灌乔木高度及胸径等相关设计技术内容。绿色通道工程须开展专项施工图设计、施工组织设计和设计概算编制工作，从建设源头创造铁路绿色通道建设的有利条件；铁路绿色通道建设应适当加大资金投入，在保证绿色通道建设资金投入的情况下提高建设标准，同时在保证防护效果的情况下，总结以往铁路建设的经验和教训，按照发展绿色铁路的要求更新设计理念，各个铁路项目参建部门尽可能对绿色通道建设给予相应的支持。

（2）保障建设用地

按照有关规范要求，及时收回铁路用地，保证铁路绿色通道建设用地需求。做好沿线民众的宣传工作，对于无法采用围墙或围栏进行封闭式保护的尽快收回铁路用地，设计有防护栅栏的铁路项目，将防护栅栏安装在铁路用地的地界边缘，避免铁路用地被侵占。

（3）改善施工条件

设计单位在绿色通道设计时要充分考虑植物成活、生长必要的土壤条件，并在设计文件中给予明确；施工单位在施工中保证采用良好的种植土进行边坡覆土，并且必须确保覆土厚度满足植物需求；监管部门必须监管到位，确保覆土达到设计要求和满足植物成活、生长的需求；建设单位在施工时对于乔灌木栽植需尽量挖大、挖深栽植穴，为植物成活、生长提供良好条件；路基施工单位在光电缆施工中必须按照设计要求规范施工，确保绿色通道建设施工安全；防护栅栏施工单位要与绿色通道施工单位进行充分沟通、配合，为绿色通道建设给予必要的帮助，根据绿色通道建设施工进度分段进行封闭。

（4）加强养护管理

绿色通道建设单位要充分认识其重要性，苗木栽植后必须灌溉管理、加强病虫害防治，要经常锄草松土。灌溉是绿化工程养护管理中的重要环节，由于铁路项目线长面小，分段打井投入较大但利用率较低，即便绿色通道建设期内不惜代价地将苗木养护成活，移交后因管理相对粗放也会造成绿色通道建设的失败；对于极其干旱、水资源匮乏或者大面积防护林带的项目，可在建设中加大建设费用投资，设计采用滴灌方式，即方便苗木栽植后的前期浇灌养护，也有利于移交后管理部门的灌溉到位和减少后期灌溉资金的投入。

2）技术性要求

根据《铁路工程绿色通道建设指南》(铁总建设〔2013〕94号)、《铁路工程绿化设计和施工质量控制标准（南方地区）》(铁总建设〔2019〕84号)、《铁路工程绿化设计和施工质量控制标准（北方地区）》(Q/CR 9527—2020)等指南规范要求，开展铁路路基、桥梁、隧道、站区、其他场地等绿色通道建设。

（1）路基绿色通道设置

路基地段绿化范围应包括铁路用地界内路基边坡及路堤坡脚或路堑堑顶外线路绿化林，土质路基边坡应采用植物防护，或植物防护与工程防护相结合的措施；石质路基边坡采用植物防护时应进行技术经济分析。植物防护宜采用灌草结合、灌木优先的方式，路基边坡常用植物防护类型及适用条件如表4-1所示。

边坡常用植物防护类型及适用条件　　　　　　　　　　　　　表4-1

植物防护类型	适用条件	
	边坡性质	边坡坡率
喷播或栽植灌草	土质边坡、全风化岩石边坡	不陡于1∶1.25
植生带或网垫植草、灌木	碎石类土边坡、全风化的硬质岩石或强风化软质岩边坡	不陡于1∶1
客土植生	漂石土、块石土、卵石土、碎石土、粗粒土和强风化的软质岩及强风化、全风化的硬质岩石路堑边坡，或由其弃渣填筑的路堤边坡	不陡于1∶1
喷混植生	漂石土、块石土、卵石土、碎石土、粗粒土和强风化、弱风化的岩石路堑边坡	不陡于1∶0.75

总而言之，区间路基的绿色通道设计应兼顾防护、绿化、养护等方面的因素，优先选择当地适生植物品种，建植方式简单合理，不宜采用过于复杂的绿色防护方案；铁路地界以外的绿化在地方明确支持的前提下，可与地方协商，共同建设绿色通道。

（2）桥梁绿色通道设置

桥梁地段绿化设计范围应包括桥下用地界内及适宜绿化的桥台锥体边坡。桥下绿色通道范围一般集中于用地界内，两侧可种植丛发耐阴灌木，混植带刺的蒺藜等灌木，中间撒播草籽绿化，一般情况下，桥下不应种植高大乔木。锥体边坡坡脚宜种植攀爬性植物。

桥梁段绿色防护示意图和实景效果图分别如图4-1与图4-2所示。

（3）隧道绿色通道设置

隧道地段绿化设计范围应包括隧道洞口边、仰坡及明洞顶部等，隧道洞口边仰坡的绿色防护设计可参照路堑边坡设计原则执行，明洞及隧道明挖施工的地段，回填后应进行绿化和植被恢复。隧道段绿色防护实景效果图如图 4-3 所示。

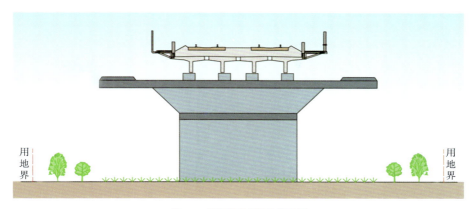

图 4-1　桥梁段绿色防护示意图

a）

b）

图 4-2　桥梁段绿色防护实景图

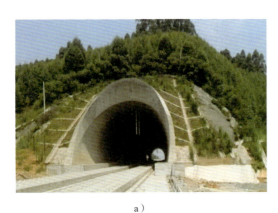
a）

b）

图 4-3　隧道段绿色防护实景图

（4）站区绿色通道设置

站区绿化设计范围应包括车站办公区和生产区。植物配植形式应考虑不同的绿化功能要求，采用孤植、对植、列植、丛植、林带、绿篱、棚架、垂直绿化、树坛、花坛、草坪、盆栽等各种形式。也可对墙面、屋顶和阳台等进行绿化，办公区绿化植物可选用具有观赏效果的常绿灌木、乔木和花卉，生产区的绿化树种宜选择枝叶茂密、分枝低矮、叶面积大的灌木、乔木，栽植方式应以常绿、阔叶、落叶树木组成复合混交林带和枝叶密接的绿墙，道路交叉口和转弯处绿化时，必须保证有足够的瞭望视野，站区栅栏和围墙宜采用藤本植物覆盖，也可采用高绿篱替代。

站场段绿色防护实景效果图如图4-4所示。

a)

b)

图4-4　站前广场及站区段绿色防护实景图

（5）其他场地绿色通道设置

其他场地绿化设计范围应包括不能退耕的取土场、弃土（渣）场，有绿化要求的制（存）梁场、铺轨基地、轨道板预制场、拌和站等其他场地一般采用撒草籽绿化。

某隧道弃渣场的绿色防护如图4-5所示。

（6）绿化植物的选取及养护方式

苗木胸径、高度、冠幅、发枝数目等规格应兼顾成活率、远期效果及经济效益各方面。建议乔木胸径以不小于3cm为宜；球状、丛生灌木高度不小于0.5m；绿篱高度针叶常绿树苗不宜小于1.2m，阔叶常绿苗不宜小于0.5m；边坡矮灌木高度不小于0.3m；苗植灌木的高度不应小于0.5m，丛生灌木枝条不应少于3根。

图4-5　弃渣场绿色防护实景图

绿化植物的选取要分区域进行，分区原则如下所示。

①华南地区：乔木选择以小叶榕、黄花槐、洋紫荆、扁桃、盆架子、大花紫薇等为主，灌木选择以紫穗槐、山毛豆、夹竹桃为主，有景观要求的地段可选择洋金凤、三角梅、大红花等。代表性乔木及灌木如图4-6所示。

②西南地区：乔木选择黄花槐、女贞、石楠、紫叶李，灌木选择紫穗槐、夹竹桃、胡枝子、荆条等，有景观要求的地段可选种多花木兰、小叶女贞、红花檵木、金叶女贞等。代表性

乔木及灌木如图 4-7 所示。

a）小叶榕　　　　　　b）黄花槐　　　　　　c）洋紫荆

d）紫穗槐　　　　　　e）山毛豆　　　　　　f）夹竹桃

g）洋金凤　　　　　　h）三角梅　　　　　　i）大红花

图 4-6　华南地区代表性乔木及灌木

a）紫叶李　　　　　　b）石楠　　　　　　　c）女贞

图　4-7

d）多花木兰　　　　　　　e）胡枝子　　　　　　　f）荆条

g）小叶女贞　　　　　　　h）红花檵木　　　　　　i）金叶女贞

图 4-7　西南地区代表性乔木及灌木

③华东和华中地区：乔木选择以红叶李、高杆女贞、木槿、紫薇为主，灌木选择以紫穗槐、夹竹桃、红叶石楠为主，有景观要求的地段可选红花檵木、小叶女贞、瓜子黄杨等。代表性乔木及灌木如图 4-8 所示。

a）高杆女贞　　　　　　　b）木槿　　　　　　　　c）紫薇

d）红花檵木　　　　　　　e）瓜子黄杨　　　　　　f）红叶石楠

图 4-8　华东和华中地区代表性乔木及灌木

④华北地区：乔木选择以杨树、槐树、旱柳、椿树等为主，灌木选择以紫穗槐、胡枝子、荆条、夹竹桃为主，优先采用紫穗槐。代表性乔木及灌木如图4-9所示。

图4-9　华北地区代表性乔木及灌木

⑤东北地区：乔木选择以杨树、旱柳、樟子松、落叶松、白桦为主，灌木选择紫穗槐、胡枝子、荆条、冬青等。代表性乔木及灌木如图4-10所示。

图4-10　东北地区代表性乔木及灌木

⑥西北黄土地区：乔木选择国槐、刺槐、杨树、榆树、大叶女贞、柏树等，灌木选择紫穗槐、四刺滨藜、野枸杞、柽柳等，有景观要求的地段选择爬地柏、沙地柏、小叶女贞等。代表性乔木及灌木如图 4-11 所示。

a）国槐　　　　　　　　b）榆树　　　　　　　　c）大叶女贞

d）野枸杞　　　　　　　e）柽柳　　　　　　　　f）爬地柏

图 4-11　西北黄土地区代表性乔木及灌木

⑦戈壁、沙漠地区：乔木可选择旱柳、杨树、白榆、樟子松等，灌木可选择沙柳、沙棘、沙蒿、柠条、紫穗槐等。代表性乔木及灌木如图 4-12 所示。

a）旱柳　　　　　　　　　　　　　　　　b）樟子松

c）柠条　　　　　　　　d）沙柳　　　　　　　　e）沙棘

图 4-12　戈壁、沙漠地区代表性乔木及灌木

植物栽植后应及时养护，保证植物成活和正常生长，发现缺苗及时补栽。边坡植物管护应适时浇水、施肥及防治病虫害；绿化林管护应及时补植；土壤管理的范围、时间、次数，应根据林种、种植地段和方法确定；树木整形或修剪宜在树木休眠期进行；避免树木受到日灼、冻伤、倾斜、火及病虫等灾害的威胁。

4.1.4 京张高铁绿色通道建设特点

（1）基于自然条件差异性的段落风貌绿化设计

根据沿线自然景观和人文景观，将京张高铁和崇礼铁路划分为城郊风光段、关塞风光段、大泽风光段、燕北风光段和雪国风光段五大景观段，五大景观段深入融合了沿线的自然资源、地貌特征、城镇布局、地域文化等因素。由此作为全线开展绿色景观设计的系统核心。

（2）基于铁路身景观特点的绿化工程植物建植

铁路沿线规划设计主要考虑景观的动态性、移动的层次性、体验的瞬间性。首先，景观的动态性主要体现在铁路沿线景观是一种动态的道路景观。铁路沿线景观显现出似永展不尽、时快时慢、滚动式的画卷，高山流水、草地森林、农村工厂……接连不断地跳入列车旅客的眼帘，旅客可尽情观赏铁路沿线的动态景观。其次，移动的层次主要通过动态景观的变化来展示，旅客在快速行进的列车车窗内观赏，因运动像差的关系，近车窗的景物快速划过视线，越大尺度的物体移动越缓慢，远处山体及天空却似静止不动，因此，对铁路景观的认识是大尺度的、变化的、带有层次性的大体认知。最后，旅客是通过车窗来体验沿线风景的，观赏者的视角会因列车的行驶速度和距离对景观进行评估判断。观赏者在车窗内体验到的景观，是一种动态的、瞬间的美感体验，直接传递给旅客而使旅客产生愉悦感。

（3）基于视觉分析的重点地段景观绿化设计

主要视角包括列车上旅客视线、高速公路行车视线、路上行人视线、高层建筑视线等。列车上旅客视线范围内包括车站站区、路堑边坡、曲线段引起的内侧路堤边坡、低矮路堤段坡脚至地界、隧道边仰坡等范围；高速公路行车视线范围包括可视范围内的并行段；路上行人视线主要包括城区段；高层建筑视线包括除地下段的城区段。设计人员对视角的重要性进行筛分，重要性依次为车上乘客视线、路上行人视线、高层建筑视线、高速公路行车视线，进而确定绿化设计重点依次为沿线各车站站区、城镇段落、位于人文景观丰富的区段、与高速公路等并行段。

（4）基于重点地段和一般地段的绿化效果双重标准

重点绿化地段达到效果宜以常绿树种为背景，通过植物的品种、规格、颜色、形状、花期和层次等进行组合配置，增强观赏效果。一般绿化地段的绿化建设宜达到稳固土体、改善环境的目的。确定重点地段和一般地段的建设标准，可避免因绿化工程建设目标效果不清晰，而造成的顾此失彼和投资浪费。

4.2 绿色通道生态设计技术

京张高铁路基工程结合绿色通道设计要求开展了沿线绿色生态设计。边坡稳定是坡面植被绿化的必要条件。深层和浅层破坏都会使边坡失稳，同时也会严重影响植被的稳定性。若不对植被防护后的边坡进行稳定性评价并采取稳定措施，边坡可能会不断地发生风化剥落、沟蚀、坍塌等，影响边坡防护工程的整体质量。因此，需对植被防护后的边坡稳定性进行研究，分析坡高、坡度、植被根系、固土体积等因素对边坡稳定的影响，为进一步协同设计、优化植被防护提供技术支撑。

根据铁路沿线地带性植被群落结构和树种组成规律优化植物配置，选择易成活、耐贫瘠、少病虫害、自播繁衍能力强的植物，选择"灌草结合，以灌为主"的植被群落结构，更有利于减少边坡水土流失，增强坡体的稳定性。充分利用先锋草本植物萌芽快、蔓延能力强、根系发达、生命周期长等特点，构建以灌木为主的复层植被群落。通过一定的施工工艺和栽培措施，调节灌草间的生长平衡机制，避免植物间恶性竞争，促进目标植物生长，充分发挥植被自我维持、更新和发展的能力，以保持植被群落结构的长期稳定性和生态功能的可持续性发挥。

京张高铁全线路基边坡总体绿色生态设计，按照"一般区域生态设计，重点区域景观设计"的指导思想，划分为路基边坡植物生态防护设计及路基边坡植物景观设计。

◎ 4.2.1 一般区域生态设计

一般区域路基边坡采用植物防护时，天然土层厚度不宜小于30cm。边坡土（岩）质不适宜植物生长时，应采取土质改良、客土、喷混植生等措施，客土厚度不应小于20cm，喷混植生厚度不宜小于10cm。填充于骨（框）架、土工格室内的种植土应含有植物生长必需的平衡养分和矿物元素，粒径不应大于30mm。路基边坡坡面采用植物防护时不得影响路基密实度和稳定性，路堑侧沟平台和边坡平台、路堑挡土墙墙顶处应设置绿化槽栽植灌木，挡土墙墙趾处应设置绿化槽栽植藤本植物。绿化槽宽度不应小于40cm、深度不应小于30cm，膨胀土、黄土等地区及挡土墙墙顶平台绿化槽底部应采取封闭止水措施。

沿着路堤横断面从上至下，路堤路肩处可种植两排灌木作为"绿篱"，以增强视觉效果。绿篱灌木选型应丰满；路堤坡脚排水沟两侧宜各栽植一排球状灌木或丛生灌木，球状灌木与丛生灌木若交错布植、错落有致，效果更好；路堤坡脚外侧到防护栅栏内可栽一排乔木，形成"外高内低、内灌外乔、高低搭配"的视觉效果。路堤绿色防护示意图和实景效果图分别如图 4-13 和图 4-14 所示。

路堑用地界一般为天沟外不小于2m，或堑顶外不小于5m，路堑地段绿色生态设计由两部分组成：侧沟平台至堑顶，堑顶至用地界。一般情况下，岩质路堑侧沟平台可种植一排球状或丛生灌木，对膨胀土（岩）等特殊土（岩）路堑宜维持平台的完整性，堑顶平台草灌防护，平台外种植两排灌木或一排亚乔木或高灌木"绿篱"增加效果。路堑段绿色防护示意图如图 4-15 所示，实景效果图如图 4-16 所示。

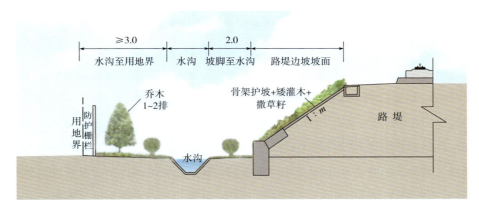

图 4-13　路堤段绿色防护示意图（尺寸单位：m）

a） 　　　　　　　　　　　　　　　　b）

图 4-14　路堤段绿色防护实景图

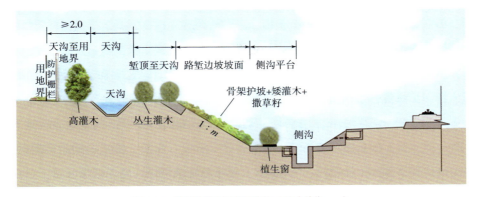

图 4-15　路堑段绿色防护示意图（尺寸单位：m）

a) b)

图 4-16　路堑段绿色防护实景图

4.2.2　重点区域景观设计

京张高铁不但承担着 2022 年冬奥会重要交通设施的历史使命，还彰显着标志中国高速铁路进入 2.0 时代里程碑的时代意义，如何利用植物外观特点构建出象征主题寓意的景观图案是设计的主要难点；京张高铁主要通过区域大部分属于严寒地区，风大、寒冷、干燥的特点是不利于植物生长的主要因素，如何在形形色色、各式各样的景观植物中，选取既满足景观图案色彩搭配需求，又符合路基工程现场气候条件等自然生长特征的景观灌木是另一个难点。

根据京张高铁五大风光段分区，选取了绿色生态设计的重点区域中的 DK90、DK140 及 DK158 共 3 个路基边坡景观试验段进行植物景观设计，开展寒冷地区城市景观观赏性灌木适应性研究，取得了良好的效果。

总而言之，京张高铁路基边坡植物苗木的选取，既要满足景观设计，又要考虑植物对严寒天气的适应性，鉴于此，设计主要采用的植物有卫矛、蓝粉云杉、金枝国槐、桧柏、红瑞木、沙地柏、金叶女贞、小叶黄杨、金叶水腊等，采用整体宏观色彩搭配及造型，并进一步展开为彩色植物飘带，充分映衬出绿色奥运、高铁飞速发展、中华民族重新崛起等人文精神。

4.3　路基绿色防护技术创新

4.3.1　GPI 岩质边坡植被再造技术

GPI 岩质边坡植被再造技术是针对铁路运营安全要求高、植物护坡人工养护困难等特点，在《铁路工程绿色通道建设指南》（铁总建设〔2013〕94 号）的基础上，综合了新的土工合成材料、土壤改良技术、抗侵蚀产品、植被建群方法和智能监测养护设备而形成的"土工合成材料固土—植被护坡—智能监测、养护"一体化的生态护坡，主要包括边坡整体稳定计算及加固设计、坡面整体式 U 形钢钉焊接土工格室固土及浅层防护设计，构建土壤基质、活化及微生物养分结构，抗侵蚀防护设计及自动化监测与智能灌溉养护。

京张高铁DK72+275～DK72+445深路堑（一级边坡）防护工程中，首次使用了GPI岩质边坡植被再造技术，生态防护效果良好。GPI岩质边坡植被再造技术设计图如图4-17所示。

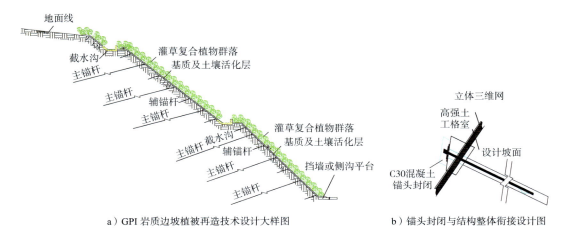

图 4-17　GPI 设计大样图及局部衔接图

（1）土工合成材料固土

采用PE高强土工格室，规格如表4-2所示，现场效果图如图4-18所示。

生态辅助高强立体结构基础参数表　　　　　　表 4-2

产品名称	型　　号	高度 H（mm）	断裂拉力（kN/m）	延伸率（%）	网格尺寸（cm×cm）	单网面积（m²）	编织工艺
生态辅助高强立体结构	TGLG-100-600	100	纵向 120	≤ 15	30×30	50	U 形钢钉焊接
生态辅助高强立体结构描述	带片纵向抗拉强度≥120kN/m，对应延伸率≤15%；片间连接处的断裂拉力≥120kN/m，连接处连接件的抗剪切力≥120kN/m，网带连接方式采用 U 形钢钉焊接编织，U 形钢钉须做镀锌防腐蚀处理，张拉到位时每一个 U 形钢钉均为一个刚性支撑点。高度 100mm，网格尺寸 30cm×30cm，单网面积≥50m²。布网时应张拉到位，及时填埋，严禁暴晒						

a）

b）

图　4-18

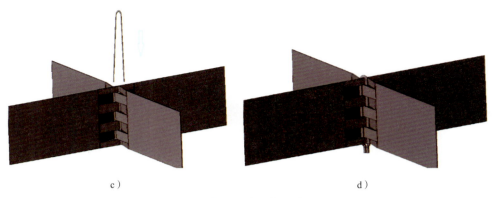

c)　　　　　　　　　　　　　d)

图 4-18　高强土工格室效果及焊接图

（2）植被防护技术

①基质层：以胶冻样枯草芽孢杆菌、侧孢短芽孢杆菌、巨大芽孢杆菌等有益菌与畜禽粪便和动植物残体为主要原料，经过科学方法提存，吸附组合而成，并含大量土壤改良木质纤维。现场施工如图 4-19 所示。

②微生物层：多种复合菌配方精制而成，含有多种有机酸、氨基酸、多肽类、生物酶、微量元素等有益物质，增强植物抗性。现场施工如图 4-20 所示。

③抗蚀及种子层：抗侵蚀纤维主要成分是 100% 生物降解、100% 再生木纤维，其与土壤紧密结合，形成连续、多孔、吸水和柔性的抗蚀覆盖，抗侵蚀纤维还可促进植物快速发芽和加速植物生长。现场施工如图 4-21 所示。

图 4-19　基质层现场施工图

图 4-20　微生物层现场施工图

图 4-21　抗蚀及种子层现场施工图

（3）生长养护技术

建成初期植物发芽生根前，坡面采用抗蒸发亲水型养护布覆盖，主要功能是在不影响降水入渗的同时，还能阻碍蒸发水汽透过，这对于维持土壤湿度具有重要作用。一般养护时间为 20～30 天。现场施工如图 4-22 所示。

a)　　　　　　　　　　　　　　　　　b)

图 4-22　生长养护现场施工图

通过经济技术比较分析可知，GPI 岩质边坡植被再造技术与传统钢筋混凝土框架梁结构投资相当，但具有较大的技术优势，可作为边坡防护结构应用于岩质路堑边坡防护工程。

4.3.2　锚拉式岩质边坡绿色防护技术

锚拉式岩质边坡绿色防护技术是一种针对岩质路堑边坡的生态防护技术，通过锚杆、钢丝网、生态袋及钢绳格栅网的防护体系，可将生态袋紧密地固定于坡面上，使得基岩边坡与再造植物土壤基质层联结成为一个整体，形成生态袋种草间种灌木的防护体系。在结构建成初期，植物的根茎尚未壮实，主要靠生态袋自身防冲刷能力抵抗坡面降雨；建成后期，随着植物根茎的生长发育，根系向下延伸，穿透生态袋，直接扎入路基边坡中，完成路基边坡植物的固土过程，袋体的功能也随之弱化，只要保证植物养护到位，成活率满足要求，植物防护的功能可完全发挥出来，具有可靠的边坡防冲刷能力，可保证铁路运营中路堑边坡的安全与稳定。同时，通过该体系克服了岩质路堑边坡难以绿化的困难，大大提高了岩质深路堑边坡与周边生态环境的适应性。

根据生态袋固土技术理论，结合工程的地质条件、气候特征等因素，提出适用于岩质路堑边坡的新型植物生态防护技术，主要包括边坡整体稳定计算及加固设计、生态袋固土及整体加固、钢绳格栅网固定、灌木选型及自动化监测与智能灌溉养护。

锚拉式绿色柔性结构设计图如图 4-23 所示。

锚拉式绿色柔性结构现场施工图如图 4-24 所示。

京张高铁 DK72+275～DK72+445 深路堑（二、三级边坡）防护工程中，首次使用了锚拉式岩质边坡绿色防护技术，生态防护效果良好。锚拉式岩质边坡绿色防护边坡竣工效果如图 4-25 所示。

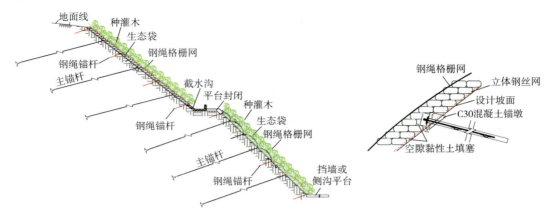

a）锚拉式岩质边坡绿色防护技术设计大样图　　b）锚头封闭与结构整体衔接设计图

图 4-23　锚拉式绿色柔性结构设计图

a）锚杆

b）立体钢丝网

c）保水生态袋

d）钢绳格栅网

e）观赏灌木

图 4-24　锚拉式绿色柔性结构现场施工图

路基绿色设计　CHAPTER 4

a）2018年7月竣工照片

b）2019年7月竣工照片

图 4-25　锚拉式岩质边坡绿色防护边坡竣工效果图

通过经济技术比较分析，锚拉式绿色防护结构与传统钢筋混凝土框架梁结构投资相当，但具有很大的技术优势，可作为边坡防护结构应用于岩质路堑边坡防护工程。

4.3.3　智能灌溉技术及应用

京张高铁 DK90+000 ～ DK90+698 段路基上，首次使用了智能滴管灌溉技术，在解决了高铁运营后边坡植物浇水养护困难的同时，最大限度地体现了智能建造及节能减排的设计理念。采用滴管灌溉的方式，在边坡土壤中埋入电磁阀、传感器、无线采集控制器和控制系统，如图 4-26 所示。

a）喷头

b）气象站、传感器

c）视频监控画面

d）储水池及雨水收集池

图 4-26　智能灌溉系统组成部分示意图

71

可以实现远程手持设备控制,利用传感器和微型气象站采集空气温度、空气湿度、土壤温度、土壤湿度、风向、风速、雨量、气压等气象数据,系统实时监测土壤墒情及各种气象数据,出现异常情况自动报警;加入大数据分析系统,可以自动保存各类气象数据,将多种历史数据进行统计对比,分析预测未来土壤墒情和气象变化;可在控制系统内设置土壤湿度或土壤温度阈值,根据传感器和气象站提供的各类数据,系统将数据进行分析对比,到达阈值自动开启电磁阀,超出阈值即关闭。智能灌溉系统数据分析步骤图如图4-27所示。

还可通过无线采集控制器接收和发送信息,无须人员到场,即可利用手机APP远程控制电磁阀开关,实现智能灌溉。智能灌溉系统手机APP界面如图4-28所示。

a)通过设定灌溉时间或人工手动开启灌溉系统

b)对植物重建土壤结构的温、湿度进行实时监测

图 4-27

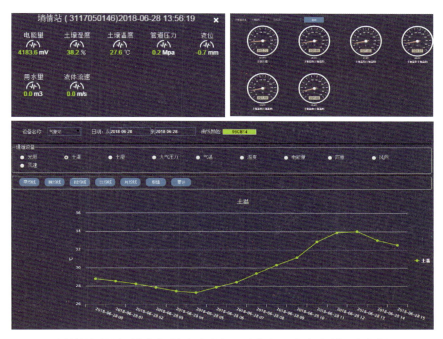

c)墒情站对整个系统状态进行实时监测,汇总传感器及气象站采集的各类数据

图 4-27　智能灌溉系统数据分析步骤图

图 4-28　智能灌溉系统手机 APP 界面示意图

CHAPTER 5
>>>> 第 5 章

桥梁绿色设计
THE GREEN DESIGN OF BRIDGES

传统的桥梁设计一般很少考虑其对环境的影响和对不可再生资源的保护等方面，更注重桥梁施工方便并满足所要求的功能，而较少或基本不考虑桥梁在整个寿命中对生态环境的影响，这久而久之会造成对资源、能源的浪费，并影响生态环境及桥梁使用的持续性。要从根本上防止污染，节约资源和能源，关键在于设计与施工，要预先考虑并采取适当的措施防止产品及工艺对环境产生的副作用，然后在施工中予以实施。绿色设计正是基于此而产生的一种新的设计。

桥梁绿色设计，就是在生态哲学的指导下，运用生态思维，将桥梁的设计纳入"人—桥梁—环境"系统进行最优化的设计方法。桥梁绿色设计在设计阶段就将环境因素和预防污染的措施纳入桥梁结构的设计之中，将环境性能作为结构的设计目标和出发点，力求使桥梁对环境的影响最小。桥梁绿色设计的本质特征与绿色设计原则相同，可概括为"3R"，即 Reduce（减量）、Reuse（重复利用）、Recycle（循环）。减量即减少桥梁设计及施工过程中物质和能源的消耗；重复利用即是尽可能分级、多层地利用资源，延长桥梁的服务时间、强度，将桥梁的价值发挥到极致；循环就是指充分利用各种有用成分，合理开发二次资源，实现废弃物的充分回收利用。

京张高铁桥梁绿色设计理念主要体现在四个方面：①设计合理，造型美观；②包容创新，人文京张；③环境共生，绿色环保；④奥运主题，地域特色。

5.1 桥梁工程绿色设计

5.1.1 标准化设计

桥梁体系设计时应根据实际情况进行选用，避免为了追求景观效应盲目追求"一桥一景"，造成资源的极大浪费，在以绿色设计为准则的前提下应尽量采用简洁的桥梁体系，以梁式桥为首选；统一结构尺寸，进行标准化设计，以达到简化施工工艺，节约施工用料，更好地控制质量的目的。

标准化设计及施工可使质量大为提高，而非标准化施工中引进部分标准化模块，也可局部保证质量和可靠度。此外，质量检验中发现的问题可通过更换局部模块而得到补救。

京张高铁桥梁以标准跨度简支梁和预应力混凝土常用跨度连续梁（部分采用墩顶转体施工工法）为主，分别占全线桥梁长度的 90.8% 和 6.9%。

京张高铁设计包含了多种速度目标值区段，因此，标准跨度简支梁分别采用了"通桥（2014）2131、2132""通桥（2009、2016）2229"和"通桥（2013、2016）2321A"三种系列梁型标准设计。如图 5-1 所示为赵川高架特大桥"通桥（2016）2229"标准简支梁。

图 5-1 赵川高架特大桥"通桥（2016）2229"标准简支梁

5.1.2 模块化设计

为确保桥梁的安全使用，应做好结构计算，同时应为桥梁在使用过程中的健康监测、加固及改建预留条件。根据资源最佳利用原则，采用模块化设计，模块化设计有以下优点：

（1）可以缩短工期。模块化设计可以将某一部分全部模块的工期缩短为单一模块的工期。

（2）降低施工费用。将构件模块化可大幅度降低施工成本，除了缩短工期外，还因为施工模板减少、施工设备要求降低、有利于流水化施工组织等而降低施工费用。

（3）模块化构件易于制造、装配、更换，也为日后桥梁达到设计使用年限后的拆除提供了便利，且拆除后的构件可重复利用率较高。根据能源消耗最小原则和零污染原则，首先，设计中应准确分析结构受力，进行合理的结构尺寸、配筋及结点等设计，在保证结构安全的前提下，将材料的消耗降到最低。其次，设计合理的施工方案，对于提高质量、减少能耗、降低污染等都相当重要。再次，灵活运用各种结构体系，可以降低能耗和减少对环境的不利影响。

京张高铁正线特大、大、中桥共 83 座，桥梁总长度为 67188.603m，占正线线路长度的 38.6%。其中特大桥 15 座 /60963.383m，大桥 12 座 / 3649.47m，中桥 56 座 / 2575.75m（含框架中桥 52 座 /2176.62m）。

京张高铁全线设置 4 处制存梁梁场，分别为康西梁场、东花园梁场、怀来梁场和大漫岭梁场，除北京城区无法设置梁场，以及部分隧道之间的山区桥梁无法运梁外，其余桥梁的标准梁均采用梁场集中预制再运梁架设的施工方法。

怀来梁场应用射频识别（RFID）技术、二维码标签等信息化技术，打造基于物联网的产品质量溯源管理平台，构建高铁制梁场生产智能管理信息系统，如图 5-2 所示。

图 5-2 怀来梁场智能管理系统

5.1.3 耐久性设计

由于桥梁结构一般有数十年甚至上百年的设计使用期，因此对桥梁结构的耐久性要求极高。设计中应注意与耐久性相关的问题，如材料的选择、施工便捷性、使用和维护、功能过时、寿命期费用等。还应采取各种措施提高桥梁的环境适应性，使桥梁适应漫长服役期内的各种变化。简言之，桥梁结构应具有六大特性，即可检性、可修性、可换性、可强性、可控性及可持续性。桥梁整体结构的寿命和各部件的寿命是不等的，如橡胶支座寿命不超过10年，拉索的寿命仅10～40年，拉索的护套寿命不超过20年，钢结构的油漆保护最优为20年等。只有对这些自身寿命期低于结构设计寿命期的部件在构造上保证可查、可修、可换、可加强，对结构在外因变化剧变情况下，结构的变形要在构造上"可控"，才能够在运营阶段对桥梁进行维修、加固等措施，从而保证结构的耐久性。

京张高铁桥涵建筑材料的选用执行《铁路混凝土结构耐久性设计规范》（TB 10005—2010）的有关规定。桥梁的桩基、承台、墩台、梁，以及涵洞的涵身及基础耐久性设计使用寿命为100年。

全线一般地区桥涵结构属 T2 环境作用等级，地下结构部分属 T1 环境作用等级，部分地段地下水为氯盐环境、化学侵蚀环境、冻融环境。

根据全线地下及地表水水质分析结果及桥梁不同位置，桥梁特殊的环境作用等级为 L1、D1～D3，设计中根据《铁路混凝土结构耐久性设计规范》（TB 10005—2010），针对不同环境类别及作用等级，采用相应标号混凝土。

无地表、地下水侵蚀环境的，桥涵主要结构采用混凝土标号如下所示。

①梁部混凝土强度等级按采用的梁部标准（参考）图执行。

②墩台顶垫石：C50 钢筋混凝土。

③墩台及托盘、顶帽：C35 混凝土。

④承台与桩基础：C30 混凝土。

⑤框架及基础：C35 钢筋混凝土。

⑥涵洞：涵身选用 C35 钢筋混凝土；帽石及涵身基础选用 C35 混凝土；涵洞出入口端墙、翼墙及其基础选用 C30 混凝土。

为充分提高桥梁支座的耐久性，桥梁支座均采用球形钢支座，官厅水库特大桥主桥采用不锈钢支座。

针对部分跨越铁路的钢结构，为避免结构防腐涂装对环境产生影响，设计采用耐候钢材料，如跨大秦铁路连续梁合拢钢壳、清华东门跨京张铁路人行天桥、下穿京新高速门式防护刚架等均采用耐候钢材料。

5.1.4 环保型设计

铁路建设工程浩大，桥涵施工容易对周围植被、水环境、大气环境在一定时间内造成较大影响，修建铁路桥涵时必须采取适当的措施，注重环境保护和水土保持，减少对生态环境的破坏。

（1）环境保护及水土保护措施

①跨越排洪河道时，不压缩天然河道，避免长大改沟，保持天然径流状态，以保证洪水排泄畅通。河槽中的桥墩，尽量采用流线形，减少墩身阻水面积，避免加大冲刷，减少对桥址上、下游岸坡的影响，避免造成水土流失。

②涵洞孔径设计充分考虑其排洪能力，避免因孔径偏小引起的涵洞束水，而导致下游冲刷加剧水土流失。

③桥涵基坑开挖，尽可能减小开挖面，减少对植被的破坏，岩石基坑开挖，基坑回填应采用浆砌片石或混凝土回填至基岩面，保障基岩完整性，避免自然状态遭到破坏。挖出的地表种植土，尽量作为绿化覆土使用，其他弃土、弃石满足填料要求时尽量作为填料使用，废弃时应及时处理，避免任意堆放堵塞、压缩河道。

④施工时要随时保持施工现场排水畅通，地质不良地段桥涵施工尽量避开雨季。

⑤部分离村庄较近的桥涵，设置声屏障，减少铁路运营时的噪声对周围环境的影响。

⑥施工过程中应尽量减少对周围自然环境的破坏，施工临时用地，完工后要复耕复垦，施工过程中破坏的既有路、绿化及植被，在施工后应进行恢复。

⑦施工期间，噪声应满足《建筑施工场界环境噪声排放标准》（GB 12523—2011）的要求，为减少工程施工噪声、振动对环境的影响，应采取以下措施：合理安排工作时间，尽量避开居民休息时间；限制夜间进行强噪声、振动污染严重的作业，并做到文明施工；施工车辆，特别是重型车辆的运行途径，应尽量避开噪声敏感区；将施工现场的固定噪声源相对集中；施工机械尽量采取液压设备。

（2）烽火台文化遗产保护

北京市延庆区八达岭镇大浮坨村内有一座烽火台，烽火台为黏土砌筑，位于延庆下行联络线特大桥和京张正线康庄高架特大桥线位下方，延庆下行线里程为 LXDK0+750.27～LXDK0+789.27，京张正线里程为 DK73+146.3～DK73+194.3。

根据《中华人民共和国文物保护法》第十七条、二十条的规定，建设工程选址，应当尽可能避开不可移动文物；因特殊情况不能避开的，对文物保护单位应当尽可能实施原址保护。

由于本线路无法绕避古烽火台，京张高铁正线设计采用 32m+48m+32m 连续梁跨越烽火台，延庆支线下行联络线设计采用 40m+64m+40m 连续梁跨越烽火台，并通过了文物部门专项评审，如图 5-3 所示。

图 5-3　京张高铁跨越古烽火台遗址

（3）桥涵工程废弃物处理

为满足高标准的环保要求，设计对京张高铁桥涵工程废弃物处理做了严格要求：

①施工弃土、废料要及时妥善处理，运土汽车应加盖篷布，以防尘土扬洒。淤泥渣土外运应按地方法规采用专用车辆运输，并尽快运到淤泥渣土排放场，严禁乱取乱弃，破坏环境，严禁弃土堵塞河道。

②施工营地的生活污水、粪便及生活垃圾等须及时处理，可清运至专设的垃圾坑掩埋，不得随意丢弃，造成污染。

③施工结束后，废油、废沥青、废水泥、废石灰、废混凝土等建筑垃圾，应及时处理，含有有害物质的建筑垃圾须专门处理。

在环境敏感区内，由于现有桥梁施工措施中的泥浆池等处理措施达不到环评要求的标准，因此设计采用了钻孔桩废水深度处理设备（图 5-4），其中，北京海淀、昌平地区设置泥浆分离器 3 套，官厅水库特大桥设置泥浆分离器 3 套，宣化市区及张家口市区设置泥浆分离器 7 套。

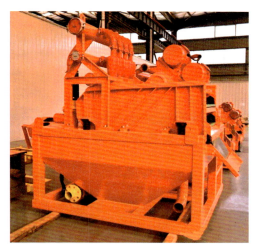
图 5-4 桥梁桩基施工泥浆分离器

5.1.5 循环性设计

按照绿色设计的原则,绿色桥梁设计涉及了桥梁整个生命周期,所以对达到设计使用年限的桥梁的处理也不应忽视。对于达到设计使用年限的桥梁,应进行健康检测来确定其承载能力,对于可继续使用的桥梁应重新设定使用年限;对于承载能力不足的桥梁,可降低等级使用或进行加固后使用;确已无法使用的桥梁,可考虑改建为其他公共设施,如集贸市场等;除非安全性不能满足使用要求,否则一般不考虑直接拆除老桥。

充分利用既有桥梁结构,可以减少工程量,降低工程造价,是桥梁绿色设计中重要的一项措施。京张高铁针对既有桥涵的利用、改造、加固等设计遵从以下原则:

①对于既有线上近期新建的框构桥,可完全利用,如创新中路框架桥。

②对于既有线上近期新建的框构桥,当需在既有线或预留线外侧新增线路时,须对既有框构进行切割、凿除处理后,在外侧单独设置新增线路桥梁,并与既有框构桥对孔,如西二旗南路框构桥。线路原则上不能跨越主体结构沉降缝。

③对既有线进行改建时,无病害的涵洞、框架进行再利用。当线路拨距或抬道,既有涵洞、框架长度不足时,视工点情况加高帽石或接长处理,接长涵洞孔径不小于既有涵洞孔径且不小于1.5m。线路落道或既有涵洞、框架填土不足时,框架需拆除改建处理,涵洞视情况采用降低边墙更换盖板或拆除改建等措施。

④对于建设年代久远,目前已不具备排洪功能的涵洞采用封闭处理。

根据以上设计原则,京张高铁针对既有京包铁路上桥梁实际状况,在全面测量和充分评估的基础上,对转河小桥、清河中桥(图5-5)、上地南路中桥、北清路中桥、沙阳路中桥、创新路中桥、沙河西区十八号路中桥、农泉山庄中桥共计8座桥梁按既有利用处理,仅对桥面系工程(桥面防水、栏杆、挡砟墙、挡砟网)进行了改造处理,原主体结构完全利用,根据线路方案，对小营西路框架桥、西二旗南路框架中桥、西二旗北路框架中桥共计 3 座桥梁按改造接长处理。

图 5-5　京包铁路既有清河中桥再利用

同时，针对原既有京包铁路跨越北三环中桥、知春路中桥、北四环中桥，虽然线路已调整为地下方案，桥梁结构不再使用，但是桥梁工程并不拆除，而是留给地方作为市政工程继续使用。

5.2　桥梁工程绿色技术

5.2.1　水环境保护新技术

官厅水库特大桥跨越北京的备用水源地官厅水库，属于一级水源保护区，为减少京张高铁的修建对官厅水库环境的影响，官厅水库特大桥设计采用了一系列的环保措施，主要有：

①主桥下部结构采用搭设钢栈桥和施工平台施工，桩基和承台施工时采用钢围堰防护，避免施工机械与水库水体接触，桩基施工的钻渣和泥浆均集中放置在施工平台的规定位置，再外运至保护区以外的区域集中放置。待工程完工后，施工栈桥、平台及钢围堰均进行拆除，避免留在水库中对水体造成影响。主桥下部基础施工平台及钢围堰如图 5-6 所示。

②官厅水库拱形钢桁梁采用在北岸拼装，再从北岸向南岸顶推就位的施工方案（图 5-7、图 5-8），整个施工过程涉水工程少，对水库影响最小。

③设置 3 套泥浆分离器，深度处理桩基施工中的护壁泥浆，满足水源地环保要求。

④设置桥上雨、污水收集系统，避免桥上雨、污水对水库水体的影响。

⑤设置水库水体实时监测系统，实时监测水库水体水质状态。

⑥采用高耐候涂装体系，减少官厅主桥钢结构在全寿命周期内的涂装次数，降低钢梁防腐涂装对水库水环境的影响。

图 5-6　官厅水库特大桥水中施工平台及钢围堰

图 5-7　官厅水库特大桥主桥顶推施工

考虑流经桥梁表面夹带污染的初期雨水或其他污水排入水库对水体可能造成污染，主桥设置桥面初期雨水收集系统，可将桥面雨水收集后排入两岸的沉淀/蒸发池，避免直排入库区。

桥面雨污水收集系统分桥上排水管道和桥下雨污水收集沉淀池两个部分，由于常规的 PVC 排水管相对脆弱易损坏，而高速铁路运营期间各项养护条件受限。将官厅主桥桥面雨水收集系统设计成由不锈钢复合钢板制成的新型开放式结构，可有效避免常规排水管堵塞、冻胀、破裂、老化等一系列问题，大幅降低漏水概率且易于清理维护。所用不锈钢复合钢板基层采用 8mm 厚 Q345qENH 钢板，复层采用 316 不锈钢板，其设计使用寿命与主体结构相同，远高于 PVC 排水管 3～5 年的寿命。如图 5-9、图 5-10 所示。

官厅引桥排水管道采用 Q235 钢槽，外漏钢材涂装采用《铁路钢桥保护涂装及涂料供货技术条件》（Q/CR 730—2019）第 5 套防腐体系进行防腐处理，对于梁内预埋件采用多元合金共渗 + 表面钝化处理，处理的工艺及各项技术指标满足《铁路混凝土梁配件多元合金共渗防腐技术条件》（TB/T 3274—2011）的要求。

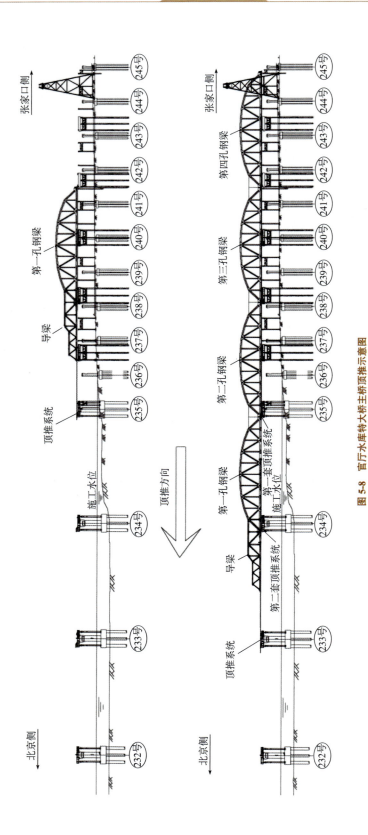

图 5-8 官厅水库特大桥主桥顶推示意图

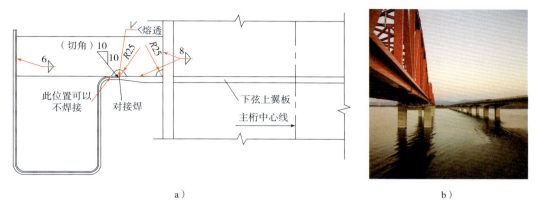

图 5-9　主桥同寿命桥面排水设计图（尺寸单位：mm）

图 5-10　引桥雨水收集系统——排水管道及蒸发池

沉淀池钢筋混凝土结构，混凝土等级采用 C45 防水混凝土，设计抗渗等级 P6。

5.2.2　永临结合新工艺

京张高铁桥梁设计中研究采用了永临结合的铁路连续梁墩顶转体技术（图 5-11）。

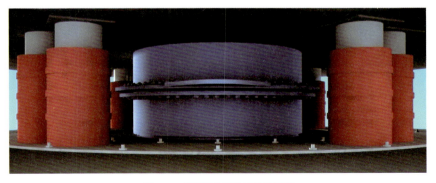

图 5-11　墩顶转体系统三维效果图

永临结合的墩顶转体法施工铁路连续梁桥技术主要创新点包括：创造性采用钢管混凝土转台，大大减小了上转盘结构尺寸；转台设计中引入夹层钢板，通过抽取夹层钢板，实现转体球铰到防落梁挡块的功能转换；在转体系统中取消助推千斤顶反力座，并通过增大牵引索及牵引索反力座安全储备的方法,达到既优化了转体系统尺寸,简化了结构构造,又能保证施工安全的双重效果;结合转体系统布置于墩顶的特点,对支撑体系进行优化,将转体系统临时撑脚数量减少为 4 组;提出了与墩顶转体相配套的永久支座设计及安装方法;提出了与墩顶转体相适应的桥墩及梁体构造,梁部图纸仍采用悬浇施工的通用参考图,仅对 0 号块进行局部调整,可以更好地适应工法变更;提出了桥梁墩顶转体、永久支座安装、结构体系转换等全套的施工工艺。图 5-12、图 5-13 分别为墩顶转体系统立面布置图和平面布置图。

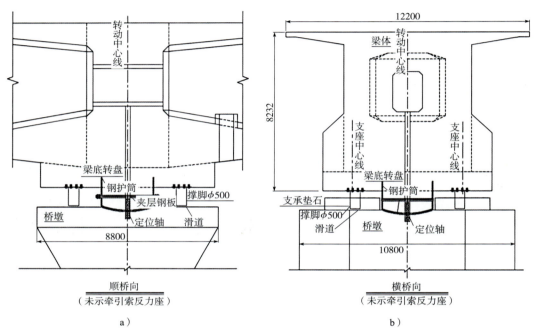

图 5-12 墩顶转体系统立面布置图(尺寸单位:cm)

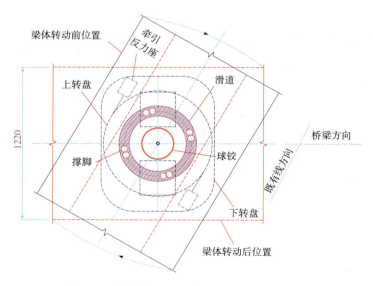

图 5-13 墩顶转体系统平面布置图(尺寸单位:cm)

与墩底转体相比,墩顶转体法减少了转体重量,降低了球铰的制造、运输及安装的难度和费用;转体结构布置于墩顶,承台结构尺寸较小,有利于减小主跨跨径和转体长度,承台基坑的防护工程数量也相应减少;转体重心降低,提高了转体的稳定性;同时无须等待梁体转体就位后再封闭基坑,大大缩短了承台基坑敞口时间,对于跨越线路的安全性有较大提高。

跨大秦铁路土木特大桥 60m+100m+60m 连续梁,新保安高架特大桥跨京包铁路及沙西货场线 69m+112m+69m 连续梁,新保安高架特大桥跨京包铁路 40m+56m+40m 连续梁均采用了 350km/h 无砟轨道高速铁路连续梁墩顶转体施工技术。其中跨大秦铁路土木将大桥转体前后照片分别如图 5-14、图 5-15 所示。

图 5-14　跨大秦铁路土木特大桥转体前照片

图 5-15　跨大秦铁路土木特大桥转体后照片

墩顶转体施工的铁路连续梁,梁部图纸仍主要采用悬浇施工的通用参考图,仅对桥墩顶帽及连续梁 0 号块进行局部构造调整,下部基础及墩身与悬浇施工桥梁完全一致,对于施工方法变更具有较强的适应性。

5.2.3 耐久型新材料

（1）高耐候新型防腐涂装材料

为最大限度地减少官厅水库特大桥主桥钢结构寿命期内重新涂装次数，以减少涂装过程产生的污染，设计中积极探索水源保护区超耐候钢桥防腐涂装技术。

常规铁路桥梁钢结构涂装体系使用寿命为 20 年，钢结构在 100 年的生命周期中需涂装 5～6 次。官厅水库特大桥主桥设计中对主桥拱形钢桁梁的防腐涂装体系提出了更高的要求，应用高耐候新型防腐涂装材料使钢结构涂装体系的使用寿命提高到 50～60 年，在主桥结构全生命周期中仅需涂装 2 次，大大减少了钢梁涂装对水库水体造成的影响（图 5-16）。

图 5-16　官厅水库特大桥主桥涂装

在设计中充分考虑到今后涂装所采取的方法及封闭措施，在主体结构上预留了辅助构件，最大限度降低了运营过程中钢结构涂装对库区水体的影响。

（2）高烈度震区轨道过渡板不锈钢支座

官厅水库特大桥主桥无砟轨道过渡板，板下净空不足 30cm，工作空间狭小，如果为过渡板配置普通的橡胶支座或者钢支座，在以后的养护维修期间，板下空间无法满足支座的养护维修以及更换要求。

为满足轨道过渡板支座的养护维修要求，专项设计了不锈钢球形钢支座，支座螺栓满足 8 度震区的高烈度抗震要求，满足产品在全生命周期内的使用要求（图 5-17）。

（3）高强度耐候钢材

20 世纪 30 年代，美国钢铁公司首先研制成功了耐腐蚀、高强度、含铜低的合金钢——耐候（Corten）钢。相较于普通钢，耐候钢在抗大气腐蚀方面有更高的有效性，相较于不锈钢，它又具有更好的经济性。1964 年美国首次将耐候钢应用到新泽西高速公路的桥梁上，

1977年建成大跨度的上承式耐候钢拱桥（New River Gorge Bridge），1983年建成耐候钢斜拉桥（Mississippi River Bridge）。1955年日本开始研发耐候钢，1967年日本开始使用耐候钢（知多2号桥）。德国与英国分别是从1969年、1970年开始建造耐候钢桥。随后耐候钢在桥梁上得到大规模的采用。从整个使用期来衡量，耐候钢桥的费用相对于普通钢桥的费用较低。现在美国的耐候钢桥已经占到全部钢桥的大约45%，加拿大在新建的钢桥中有90%采用耐候钢。日本1996年开始使用耐候桥梁钢，占全部桥梁钢产量的15%。

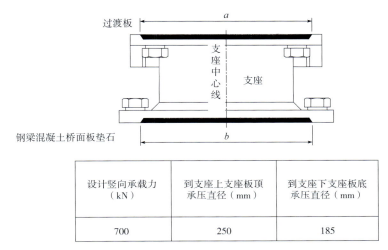

设计竖向承载力（kN）	到支座上支座板顶承压直径（mm）	到支座下支座板底承压直径（mm）
700	250	185

图 5-17 官厅水库特大桥主桥轨道过渡板不锈钢支座

我国是从20世纪60年代开始研制耐候钢。1989年，武汉钢铁公司在京广铁路巡司河桥项目上首次采用NH35q建设试验段，掀开了国内耐候桥梁试验的序幕。2012年，沈阳高速公路后丁香大桥采用半涂装应用耐候钢建设；2014年，鞍山钢铁集团有限公司在陕西省眉县渭河2号桥段进行免涂装应用试验段。中国首钢集团耐候桥梁钢在2015年推广到半裸装的平顶堡大桥项目，并且大量耐候钢产品出口到欧、美洲建设免涂装耐候桥梁项目。

目前，我国桥梁用钢强度等级与韧性不断提高，焊接性能持续改善，钢板的应用厚度逐步提高，铁路桥梁用钢、公路桥梁用钢、跨海大桥用钢成为我国桥梁用钢的应用主体，顺应时代发展要求的高性能耐候钢桥梁钢将是我国桥梁用钢未来发展的主要方向。

结合我国实际情况，在桥梁建设中应用高性能耐候钢板，不但能够提高桥梁结构的安全性、承载能力和服役寿命，而且具有降低建造和维护成本等优点。

为积极探索高强度耐候钢材在铁路桥梁工程中的应用，京张高铁桥梁工程先后在多个工点应用高强度耐候钢。

京张高铁土木特大桥采用一联60m+100m+60m连续梁跨越大秦铁路，为避免连续梁中跨合拢施工对大秦铁路的安全运营造成影响，中跨合拢段外钢模板预埋段与吊装段均采用Q355NHC焊接耐候钢（图5-18），其性能应满足《耐候结构钢》（GB/T 4171—2008）技术要求，不做防腐涂装。

图 5-18　跨大秦铁路连续梁合拢耐候钢壳构造

京张高铁 DK19+667.143 处新建一座人行天桥，分别跨越荷清路、地铁 13 号线和京张高铁。为避免天桥以后的养护维修对地铁 13 号线、京张高铁的运营安全造成影响，天桥主梁钢结构材质采用 Q345qDNH 高强耐候钢，平台、梯道、坡道、桥墩和盖梁钢结构材质采用 Q345qD 钢，钢材的各项指标符合设计文件和《桥梁用结构钢》（GB/T 714—2015）的要求。如图 5-19 所示。

图 5-19　清华东门耐候钢人行天桥

京张高铁于 DK41+600 处下穿京新高速公路，斜交角度 46°，京新高速公路采用跨度为 50m+78m+50m 跨径连续箱梁。为保证京张高铁的运营安全，需在京新高速公路桥梁两侧设置防护刚架，防护刚架钢横梁主体结构材质采用 Q345qDNH 耐候钢。如图 5-20 所示。

图 5-20 京张高铁下穿京新高速耐候钢门式防护刚架

CHAPTER 6
>>>> 第6章

隧道绿色设计
THE GREEN DESIGN OF TUNNELS

隧道作为铁路工程重要组成部分，在改善线路线形、缩短里程和行车时间以及提高运营效益等方面发挥着越来越大的作用，它是人们利用地下空间的一种形式，可以充分利用岩土的固有性质，达到最有效的目的，从而取得良好的社会效益和经济效益。隧道施工对自然环境的影响比路基工程、桥梁工程小，同时隧道工程占用土地数量极少，因此必须穿越自然保护区、风景名胜区等山区环境敏感区时，多采用隧道工程通过。其对环境的影响主要表现为：①改变洞口附近原有环境状态；②隧道施工等对山体结构或地面沉降产生影响；③隧道开挖产生大量弃渣影响生态环境；④隧道工程对地下水体径流途径造成影响，施工及运营产生废水污染水体。因此，隧道开展绿色、生态设计也十分必要。

京张高铁隧道绿色设计主要体现在以下几个方面：①绿色技术创新，盾构隧道及附属结构装配式全预制拼装设计实现了生产、运输、拼装全过程绿色、健康、环保的目标。②保护文物，精准微损伤控制爆破设计保护了长城、百年京张铁路的安全。③尊重自然，八达岭地下站清污分离排水系统实现了车站用水和渗水绿色环保排放，绿色格宾防护设计实现了岩石洞口边坡山体绿色植被快速恢复。

6.1 全预制拼装技术

按照绿色设计模块化设计理念，清华园盾构隧道采用装配式全预制拼装设计，为国内首次采用全预制拼装式轨下结构，大大提高了施工效率，节省了工程投资，减少了对周边环境的影响，洞内施工环境也极大改善。

6.1.1 机械化拼装技术

（1）轨下预制箱涵拼装技术

隧道中箱涵与盾构机随机拼装，盾构机后配套台车配备吊装设备，如图 6-1 所示。平板车开至合适位置，配合吊机吊取构件并平移箱涵。

隧道边箱涵研制了专用拼装机，如图 6-2 和图 6-3 所示。该设备可以将边箱涵件从运输车吊起，并平移调整后放到指定安装位置，最终将边箱涵件精确安装于隧道内，实现边箱涵快速施工。

（2）轨下结构注浆技术

轨下结构与盾构管片的连接是全预制拼装结构的关键技术，确保轨下结构和盾构管片均匀受力，防止局部应力集中产生局部破损，是轨下结构预制化设计的重点。

清华园隧道在轨下结构下部设置了凸台，使轨下结构与管片之间存在 20～30mm 左右的缝隙，该缝隙采用注浆填充。轨下结构注浆是预制结构拼装的一个重要环节，采用压浆机将轨下结构与管片间的空隙填充密实，以确保轨下预制结构的可靠性与稳定性，如图 6-4 所示。

隧道绿色设计 CHAPTER 6

图 6-1 中箱涵拼装示意图

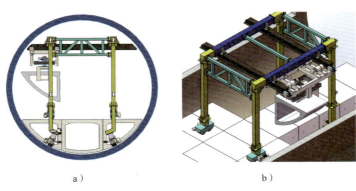

a) b)

图 6-2 隧道边箱涵预制件拼装机效果图

a) b)

图 6-3 隧道边箱涵预制件拼装机现场图

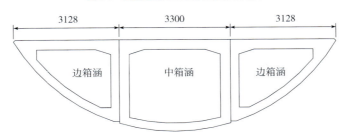

图 6-4 分仓示意图（尺寸单位：mm）

■ 95

6.1.2 全预制拼装设计

（1）轨下全预制拼装技术

清华园隧道位于北京市城市核心区，周边环境复杂、风险源多，施工难度大，环保要求高，且工期紧张，为有效提高施工效率，改善施工环境，减少施工污染，按照建设"精品工程、智能京张"的理念，积极推广工厂化、机械化和专业化，进一步提高风险防控和质量保障水平，全面提高和展示铁路建设的技术水平。鉴于此，提出了盾构隧道全预制拼装结构设计理念。清华园隧道是首条采用轨下结构全预制拼装建造技术的盾构隧道。

目前大直径盾构铁路隧道轨下结构常用的结构形式有全部现浇、部分预制+部分现浇两种，但轨下结构采用全预制构件拼装技术尚无先例。采用轨下全预制拼装结构，解决了现浇轨下结构施工对盾构掘进的干扰，实现了轨下结构和掘进作业平行同步施工，创新了盾构隧道设计建造理念。全预制拼装结构与现浇混凝土结构相比，该施工方法机械化程度高，施工速度快，预制构件运至现场即可利用机械进行拼装，大大提高了工人的工作效率和机械使用效率；工厂化预制件生产可实现构件的标准化，且对其做好防护措施后不受自然环境影响，可以充分保证预制件质量和批量化生产，构件统一生产的标准性和规范性也确保了现场施工的质量和效率；现场施工无须周转材料、无须占用大量材料堆场，施工时间大为减少，可有效降低盾构隧道的建设成本；工厂化生产、现场拼装，除后续砂浆灌封，无现场混凝土浇筑，避免了商品混凝土到场不及时、甚至遇政策及天气情况影响无法开展混凝土运输的问题。

全预制拼装技术极大改善了隧道及地下工程的施工环境；降低了成本，符合现代绿色环保的要求，符合国家政策导向。

（2）轨下全预制拼装设计

轨下结构采用三块独立箱涵拼装而成，包括2块边箱涵和1块中箱涵，如图6-5～图6-7所示。

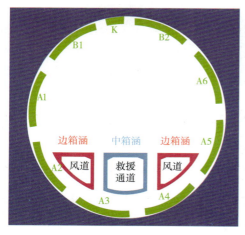
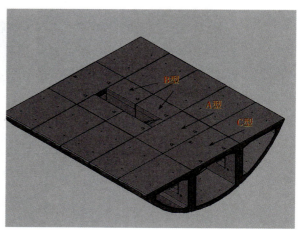

a)　　　　　　　　　　　　b)

图6-5　轨下结构分块

隧道绿色设计 CHAPTER 6

图 6-6　拼装完成后的轨下结构

图 6-7　隧道内拼装完成后的轨下结构

中箱涵分 A 型、B 型、C 型三种类型。其中 A 型中箱涵适用于标准段；B 型中箱涵适用于疏散楼梯段，C 型中箱涵适用于侧壁开孔段；边箱涵分 A 型、B 型两种类型，A 型边箱涵适用于标准段、疏散楼梯段和侧壁开孔段的不开孔一侧；B 型边箱涵适用于侧壁开孔段的开孔侧。

6.1.3　全预制结构制造技术

全预制轨下结构采用工厂化集中预制方案，箱涵生产采用固定模台式生产。箱涵钢模采用精度高、强度高、不漏浆、性能稳定且连续生产不变形的全新模板，如图 6-8、图 6-9 所示。

预制箱涵采用滑动顶盖式蒸养窑进行养护。蒸养窑采用滑动顶盖，箱涵生产前将顶盖移开，进行模具清理、配件安装及混凝土灌注等作业，混凝土灌注完毕再将顶盖移回蒸养窑，进行蒸汽养护。在蒸养窑内部铺设蒸养管道、排水沟等。

箱涵经养护达到使用要求的龄期，进行止水条及软木衬砌垫粘贴安装后，利用门式起重机将箱涵吊运到箱涵运输车上，利用紧固带固定，进行信息出厂登记后运往盾构施工现场（或将箱涵运输至盾构现场后进行止水条安装作业）。

图 6-8　钢模板合模

图 6-9　预制箱涵脱模

6.2　环境敏感区隧道绿色设计

6.2.1　风景名胜区自然保护设计

（1）水资源保护

①山岭隧道防排水措施一般采用"防、排、截、堵相结合，因地制宜，综合治理"的原则。在裂隙水较发育，且对水环境有严格要求的隧道，防排水采用"以堵为主，限量排放"的原则，以减少对地下水源的损失。

②当隧道经由居民区通过时，利用地形、地质等有利条件设置蓄水池，将未经污染的水流经沟、槽或设管路提升，引入蓄水池，供给周围居民使用。

③京张高铁沿线隧道已尽量避免从居民区穿过，隧道必须从居民区通过时，对周围环境进行了详细调查，并采取了措施预防地下水的流失。

（2）植被保护

①隧道设计、施工过程中严格执行"早进晚出"的原则，条件适宜均采用环保洞门，尽量减少隧道洞口边、仰坡的刷方高度，减小地表植被破坏。

②隧道洞口、明洞段边仰坡应与周围景观协调，采用植草（花坛）防护与支挡防护相结合的措施。为贯彻铁路"绿色通道"理念，施工期间不得全坡面采用圬工防护。

（3）污水防治

①采取清污分离，对隧道的施工污水，在洞口设污水处理设施进行处理后排放。避免隧道衬砌背后的地下水和施工污水汇合外排。

②利用隧道洞外自然沟壑地形，隧道施工洞口均应设置污水处理设施，经处理后排放的

水质应达到农灌标准且不低于本线环保专业文件要求的标准后，方可排入相应地点。

③施工期间应加强对隧道排水水质的监测，根据检测结果调整污水处理工艺。

④施工营地建设应同步设置废污水处理措施，严禁隧道涌水和施工场地生产生活污水排入保护区。

（4）弃渣处理

①八达岭越岭段隧道弃渣部分用作了混凝土粗集料、部分用作路基填料，剩余不能利用的弃渣，结合隧道附近地形和水文条件，严格依据设计文件和环保文件、水土保持文件及其批复要求指定的弃渣场进行弃渣。

②弃渣场设置永久的渣场防护工程，隧道弃渣应遵循"先挡后弃"的原则，弃渣作业结束后尽快做好场地平整和植被恢复。

6.2.2 下穿长城文物保护设计

1）工程概况

新八达岭隧道多处下穿长城（图6-10），具体情况见表6-1。

图6-10 新八达岭隧道下穿八达岭长城平面示意图

隧道下穿长城一览表 表 6-1

序号	里 程 区 段	下穿建（构）筑物名称	洞顶覆土厚度（m）	围 岩 情 况
1	DK63+600～DK63+750	侧向下穿水关长城	210～218	Ⅱ级围岩，弱风化花岗岩层
2	DK67+025	八达岭长城	124	Ⅱ级围岩，弱风化花岗岩层
3	DK67+370	八达岭长城	168	Ⅱ级围岩，弱风化花岗岩层

八达岭长城为世界文化遗产，八达岭长城的关城、城墙、敌台与敌楼等设施，砌筑材料就地取材，为石垒墙做法。遗产区内主要遗产保护要素有长城主体、敌台、烽火台、砖瓦窑、城堡等，如图 6-10 所示。

2）施工期间下穿长城文物保护设计

（1）施工爆破对长城存在影响的隧道区间范围

考虑到八达岭长城及京张铁路南口至八达岭段均为全国重点保护文物，而八达岭长城更作为世界文化遗产的重要性，爆破容许振动从严控制，限值为 0.2cm/s，并取 70% 为预警值，80% 为报警值。则预警值为 0.14cm/s，报警值为 0.16cm/s。

根据萨道夫斯基经验公式，得到爆破影响范围 R 为 292m。则以长城为圆心，以影响范围 R 为半径，可得出施工爆破对八达岭长城存在影响的隧道区间范围，其起点里程为 DK66+765，终点里程为 DK67+605，区间长度为 840m，施工爆破对水关长城存在影响的隧道区间范围，起点里程为 DK63+420，终点里程为 DK63+955，区间长度为 535m。

（2）主要控制措施

尽量减少每次爆破的装药量，减少单次开挖循环进尺，由常规每循环进尺 3.5m，降低到每循环进尺 1.5m；优化爆破孔的布置形式（图 6-11、图 6-12）；采用电子雷管精准控制爆破；在隧道进入长城的影响范围之前，设置爆破振动试验段。

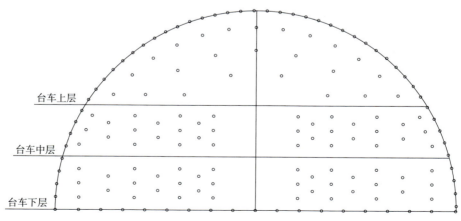

图 6-11 上部爆破孔布置图

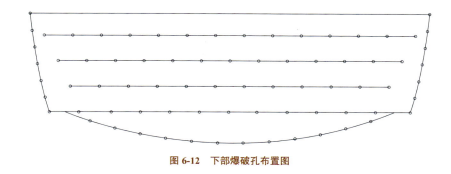

图 6-12 下部爆破孔布置图

（3）监控量测

按照《爆破安全规程》（GB 6722—2014）相关规定，并行水关长城、下穿八达岭长城采用电子雷管控制爆破，爆破允许安全振速为 0.2cm/s。

爆破施工过程中全程实时监测穿越处长城结构的振动速度，在隧道内结合围岩变形监测安装爆破监测仪；施工期间根据自动监控数据显示八达岭长城基础处最大振速为 0.12cm/s，小于控制值，确保了长城本体结构的安全。

3）运营期间列车振动对长城文物影响分析及保护

（1）八达岭长城结构容许振动限值

根据《古建筑防工业振动技术规范》（GB/T 50452—2008），古建筑的振动限值由其纵波波速和重要程度来共同决定。长城属于古建筑砖石结构，古建筑砖石结构的允许振动速度按照规范确定，因此通过测试八达岭长城结构的纵波波速可以确定结构容许振动限值。

纵波测试采用平测法。新八达岭隧道工程在 DK67+025、DK67+370 先后两次下穿八达岭长城，隧道埋深分别为 124m，168m。由于两个穿越点及其附近地质条件相似，测点选择在 DK67+430 处的长城主体结构上，随机抽取 5 处进行测试。每个测点测试 5 次，取平均值作为评价值，测得弹性纵波值为 2526.8m/s，因此确定八达岭长城结构的容许振动速度为 0.22mm/s。

（2）既有京张线振动测试结果分析

通过测试与新八达岭隧道类似地质条件下的既有京张铁路振动影响状况，来推测京张高铁新八达岭隧道在运营过程中振动对长城的影响。测试地点选在水关长城入口，京包铁路线 K67+930 隧道处。振动测试共布置 3 处测点，测试地面 3 个方向的振动速度。

（3）八达岭长城结构振动预测分析

八达岭长城结构振动根据《古建筑防工业振动技术规范》（GB/T 50452—2008）中的相关规定进行预测计算。由于没有类似地质条件下动车组的实际振动测试数据，因此利用既有京张铁路的振动测试数据进行类比预测。

根据《古建筑防工业振动技术规范》（GB/T 50452—2008）中相关公式计算列车通过埋深 124m 及 168m 处区段时，长城结构的最大水平速度响应分别为：

$$v_{1\max} = v_\mathrm{r}\sqrt{\sum_{j=1}^{n}\left[\gamma_j \beta_j\right]^2} = 0.088 \times \sqrt{(1.273\times1)^2 + (-0.424\times4)^2 + (0.255\times6)^2} = 0.19 < [v] = 0.22\,\mathrm{mm/s}$$

$$v_{2\max} = v_\mathrm{r}\sqrt{\sum_{j=1}^{n}\left[\gamma_j \beta_j\right]^2} = 0.059 \times \sqrt{(1.273\times1)^2 + (-0.424\times4)^2 + (0.255\times6)^2} = 0.15 < [v] = 0.22\,\mathrm{mm/s}$$

式中：$v_{\max}$——结构最大水平速度响应（mm/s）；

v_r——基础处水平向振动速度（mm/s）；

n——振型叠加数，取 3；

γ_j——第 j 阶振型参与系数；

β_j——第 j 阶振型动力放大系数；

$[v]$——允许最大水平速度响应（mm/s）。

由于长城可视为纵向连续无限长的古建筑物结构，因此按《古建筑防工业振动技术规范》（GB/T 50452—2008）计算的结果会比实际值偏大，而按照既有线类比测试结果得到的长城结构振动速度值低于容许限值标准。综合考虑到影响铁路诱发大地振动的主要因素包括：线路条件（如平顺状况）、车辆条件（如不同牵引类型、悬挂系统、轴重）等。本工程线路条件、车辆条件均优于本次类比测试的既有京包铁路。既有京包线采用内燃机车牵引的旅客列车，而新建线采用电力分散式动车组，和谐号内燃机车轴重为 25t，分散式动车组轴重小于 16t，其运营期对长城所产生的结构振动影响远低于既有京包铁路振动影响。

综上分析，京张高铁技术标准高，线路平顺性远高于既有京包铁路，且列车轴重轻，经理论计算表明其对长城产生的振动影响低于既有京包线。据此可以确定京张高铁下穿长城工程引起的振动速度低于《古建筑防工业振动技术规范》（GB/T 50452—2008）中的容许标准，满足规范要求。

（4）新八达岭隧道下穿长城段轨道结构措施

为确保运营期间列车振动不影响古长城的结构安全，对影响范围内的轨道结构进行优化设计，采用了减振性的无砟轨道结构。

6.2.3 下穿百年京张铁路文物保护设计

（1）工程概况

既有京张铁路南口段至八达岭段为第七批公布的全国重点文物保护单位，位于北京市昌平区南口至延庆区八达岭，包括南口火车站站房、南口机车车辆厂近现代建筑遗存、人字形铁路、青龙桥车站站房及职工宿舍和监工处、詹天佑墓及铜像等。2005 年，北京铁路局对其进行了修缮。其中，人字形铁路位于青龙桥车

图 6-13 既有京张铁路——青龙桥车站

站（图 6-13）附近，利用折返线原理来减少坡度；青龙桥车站站房位于八达岭长城脚下，车站平面呈矩形，面阔五间，四坡简易顶，顶部中央做老虎窗。青龙桥车站西侧为职工宿舍和监工处。新建京张高铁与既有铁路及青龙桥车站等文物的位置关系如图 6-14、图 6-15 所示。

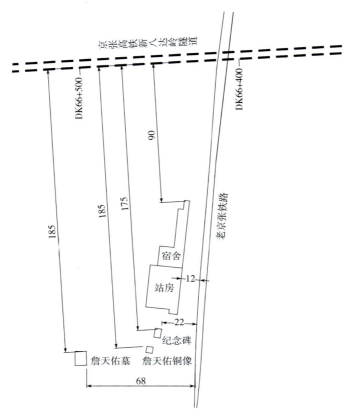

图 6-14 新老京张铁路交会处平面示意图（尺寸单位：m）

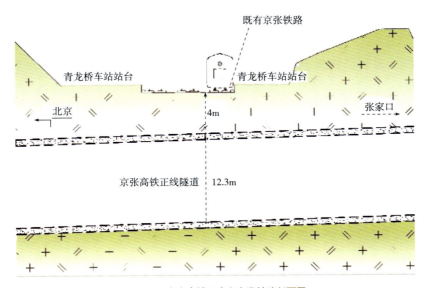

图 6-15 京张高铁下穿老京张铁路剖面图

老京张铁路青龙桥车站是国家级文物,京张高铁下穿处既有铁路为三股道,线间距分别为 4.3m、4m,采用 60kg/m 钢轨、混凝土枕,该段为内燃机车铁路,最小洞顶覆土厚度为 4m。下穿既有京张铁路地段两侧影响范围施工采用电子雷管控制爆破,爆破允许安全振速为 0.2cm/s。

(2)主要支护措施及加固设计

主要支护措施及加固设计有:①对既有铁路进行 3-5-3 扣轨加固;②地表袖阀管注浆对地层加固;③超前大管棚支护;④铁路线下方采用非爆破、三台阶临时仰拱法施工;⑤初期支护钢架间距加密至 0.6m。

(3)监控量测

为保证本线施工期间既有京张铁路列车运营安全,根据铁路线路设备修理标准制定了变形控制指标,对施工过程进行控制。

根据《铁路线路修理规则》中对线路几何形变的控制要求,取轨道的沉降控制值为 5mm,路基单日沉降控制值为 5mm/d,路基累计沉降变形控制值为 30mm。将控制值的 80% 作为报警值,70% 作为预警值,具体监控量测控制指标建议如表 6-2 所示。

线路轨道静态几何尺寸容许偏差管理值　　　表 6-2

项 目		站线(经常保养)
轨距(mm)		+9～4
水平(mm)		8
高低(mm)		8
轨向(直线)(mm)		8
三角坑(扭曲)(mm)	缓和曲线	7
	直线和圆曲线	8

注:轨向偏差和高低偏差为 10m 弦测量的最大矢度值。

施工期间,根据监控量测数据显示,最大日沉降量为 10.97mm,最大累计沉降量为 42.7mm,累计沉降值超过控制值,超标的原因主要是隧道洞顶覆土太浅,仅为隧道开挖断面的 0.27 倍,开挖过程中沉降控制比较困难,鉴于该段落为停车区段,每列车到站均需停车调整方向,施工期间通过线路整修和及时补充道砟,确保了文物及线路运营安全。

6.3　清污分离排水设计

八达岭长城站清污分离系统中,清水指的是隧道防排水体系中排入车站的水,为减小围岩水压力对结构的影响,将结构外围岩裂隙水引入车站结构内;污水系统指车站站内污水及废水,污水主要为卫生间生活污水,废水包括车站冲洗水、消防废水等。

常规地下车站采用全包防水系统，少量结构渗漏水排入废水系统，产生的污水及废水通过有组织排水路径汇入污水泵房及排水泵房内，再通过排水泵提升排入城市排水系统。八达岭长城站具有与常规地下车站不同之处，由于车站为深埋地下站，地下水丰富，为满足结构安全需要及保护原有生态环境，地下车站洞室采用与山岭隧道相同的防排水设计原则，站内清水排水系统与车站内污水系统采用完全分离系统模式，是一种对生态环境不造成任何影响的地下车站绿色设计模式。

6.3.1 车站清水排水系统设计

车站竖直方向上分为上中下三层，分别为进出站通道、设备层及站台层，结构的排水系统通过结构外侧的纵横向排水管引入结构内排水沟或中心沟，利用结构纵坡从上至下汇入站台层中心沟内，站台层中心沟内与区间隧道相接，最终将汇水排出洞外，车站排水路径示意及各通道断面排水布置见图 6-16～图 6-22。

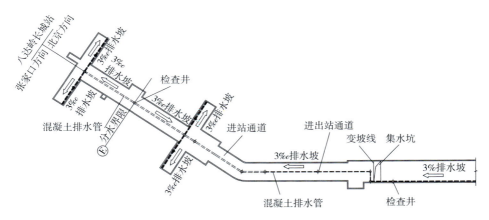

图 6-16 进出站通道清水排水路径示意图

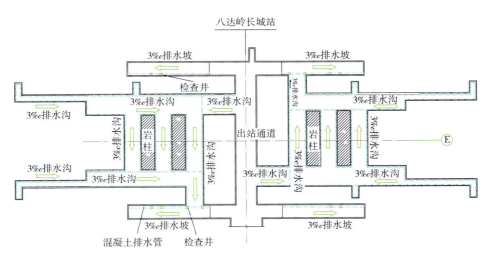

图 6-17 设备层清水排水路径示意图

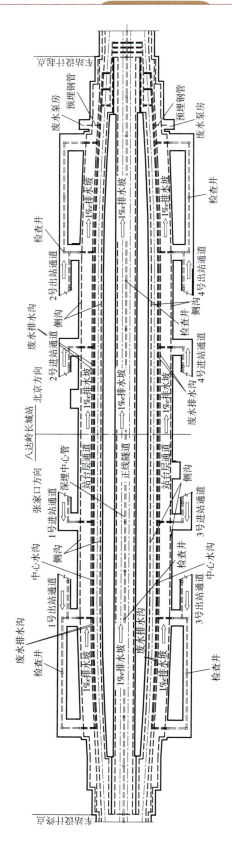

图 6-18 站台层清水排水路径示意图

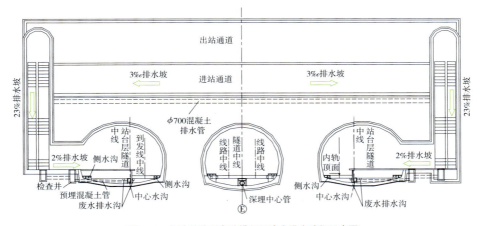

图 6-19　八达岭地下车站横剖面清水排水路径示意图

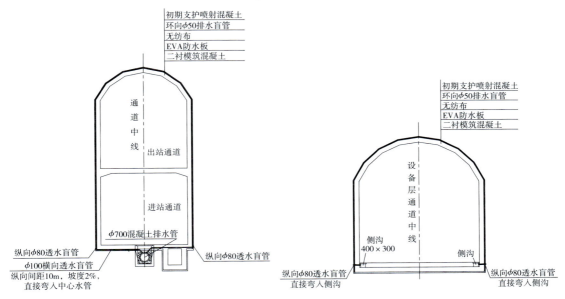

图 6-20　进出站通道清水排水布置图

图 6-21　设备用房清水排水布置图（尺寸单位：mm）

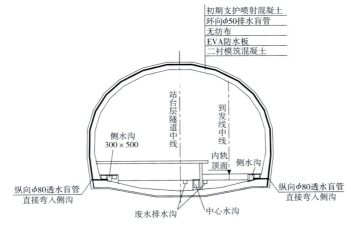

图 6-22　站台层清水排水布置图（尺寸单位：mm）

6.3.2 车站污水系统设计

八达岭车站站台层不设置卫生间，故无污水排放问题，在出站通道设备区设置了值班人员卫生间，同时在出站通道公共区设置了公共卫生间，采用真空抽排系统来解决污水排放问题。

（1）设计方案

针对卫生间设置情况，采用两套真空泵站。整个真空卫生系统采用上排水方式。即真空便器及中间收集装置排水管路向上提升到吊顶层进入泵站。八达岭车站卫生间排水总提升高度为60m。

（2）系统原理

采用真空罐式真空泵站形式。在卫生间泵房内设置真空泵站一座，负责卫生间污水的收集与排放。真空卫生系统是由真空泵站、真空排污管路、中间收集装置、真空便器、电气控制系统等组成的一个完全密闭的建筑物内排水系统。

真空泵站是整个系统的核心部分，内置真空泵、污水泵各两台（循环使用，一用一备），真空储污罐2个。由真空泵形成系统运行所需的真空，污水达到罐内设定液位后，污水泵自动启动，将污水排入污水泵房，通过污水提升装置将污水排至室外排水泄压井。

真空泵站平面布置见图6-23。

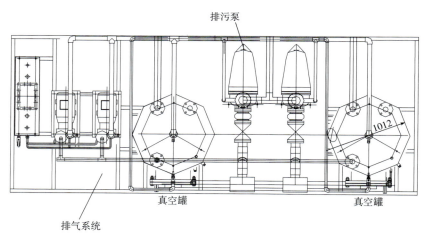

图6-23 真空泵站平面布置图（尺寸单位：mm）

6.3.3 车站废水系统设计

（1）进出站通道废水区域

进出站通道废水采用3‰排水坡将水汇入至楼扶梯下站台板雨水篦处，排至楼扶梯下集水坑内，再通过水泵提升至地面（图6-24）。

（2）站台层废水区域

八达岭车站站台层废水通过站台板排至板下排水沟内，排水沟纵向汇总于站台层废水泵房内（图 6-25）。本站废水泵流量为 $Q=150m^3/h$，计算参数见表 6-3。

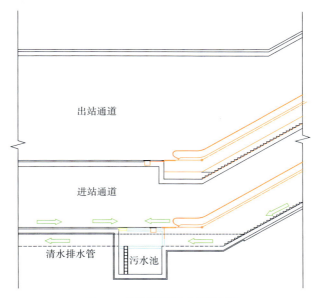

图 6-24　进出站通道废水排放路径

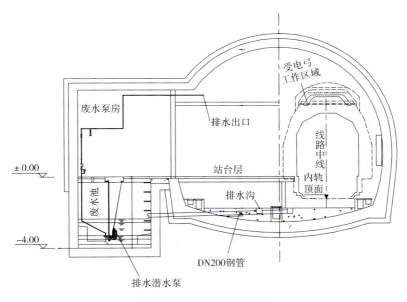

图 6-25　站台层废水排放路径

废水泵扬程计算　　　　　　　　　　　　　　　　　　　　　表 6-3

沿程损失	局部损失	静扬程	富裕水头	安全系数	总扬程
1.5m	0.5m	30m	3.0m	1.1	38m

废水泵选型：潜水排污泵，$Q=150m^3/h$，$H=40m$，$N=22.0kW$。

废水池的有效容积按不小于最大一台泵 10 分钟的流量计算，八达岭车站废水池有效容积为 $25m^3$，有效水深 1m。

6.4 洞口生态防护设计技术

京张高铁八达岭越岭段在洞门绿化方面采用了加筋土技术绿色加筋格宾作为洞口回填坡体，一方面可以对开挖创面进行结构性防护，另一方面还为植被的生长提供必要的生长基床，为洞口长期绿化打下坚实的基础。绿色加筋格宾的面墙与拉筋均以钢丝网面为主，为同一网面制成，消除了可能的结构连接弱点；面板可自然透水，可以保证墙背填土地下水较为自然地排放，有利于结构的长期稳定；其面墙加强构件均为装配式，施工简单快捷；作为一种生态型加筋技术，施工时，在面墙钢丝内侧铺垫有椰棕植生垫，可采用喷播、加设营养土和草种绿化，或者人工植入枝条或藤蔓草种进行绿化，全部墙面可完全绿化，具有极佳的生态效果。

与传统重力式挡墙相比较，绿色加筋格宾挡墙属于柔性结构，其特点是：对地基承载力要求相对较低；适应性强，整体性好，抗震性能高，能够承受大的沉降变形；施工速度快、工程质量容易得到保证；造价低，可以节约工程造价25%～50%。更为重要的是，与中国古代的"天人合一"、现代西方的"回归自然"理念相一致，加筋土结构表现的就是营造自然的生态景观，符合当今建设环境友好型与资源节约型社会的总体要求。

◎ 6.4.1 岩石洞口绿色格宾防护设计技术

本节以居庸关隧道洞门边仰坡为例，对洞口岩石边坡绿色格宾防护设计进行阐述。

居庸关隧道进口属于原采石场开挖后的岩石裸露地层，洞门范围内边坡仰坡地形破坏严重，现状坡度陡、坡面不平整；居庸关隧道出口地形陡峭，植被茂密，洞口施工需开挖便道及岩石爆破；隧址属于北方地区干旱缺水地区，绿植成活率低。针对这些问题，设计中采用绿色加筋格宾回填技术进行防护及绿化（图6-26～图6-29）。

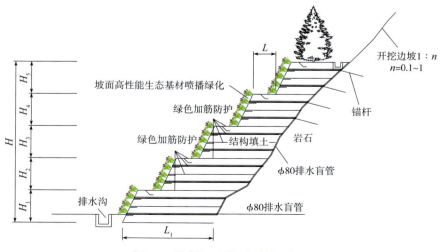

图 6-26　隧道洞口边坡绿色防护设计图

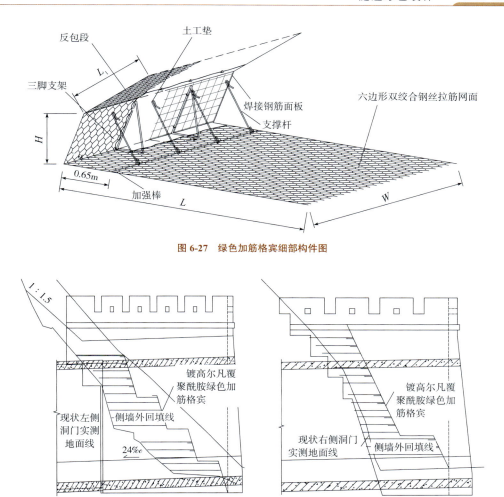

图 6-27 绿色加筋格宾细部构件图

图 6-28 居庸关隧道出口洞门左侧图　　图 6-29 居庸关隧道出口洞门右侧图

（1）岩石陡倾仰坡设计

鉴于仰坡边坡较高，坡度较大，采用分级回填边坡；回填坡度根据格宾产品规格确定，本次采用镀高尔凡覆聚酰胺绿色加筋格宾，角度、高度、长度选择根据回填土厚度确定，为确保回填土体长期稳定性，在格宾尾部采用砂浆锚杆进行锚拉，竖向分层布置。

（2）边坡绿化

利用开挖的岩石边坡回填土进行喷播复绿，植被种子采用适宜当地、成活率较高的植物。对于全面绿化，不仅采用绿色加筋格宾技术为植被生长提供足够厚度的生长土层，还采用了最先进的热处理精细纤维来促进植被生长，以期最快使植被成坪，尽早起到植被防护作用及达到景观效果。

（3）防护结构耐久性

对于耐久性，不仅采用了国际上最先进的镀高尔凡（5% 铝锌合金）金属镀层，还采用了最先进的聚酰胺有机涂层（图 6-28、图 6-29），确保工程的使用年限在 120 年以上。

（4）防排水设计

为保证回填土体安全性，减小水对边坡的危害，于回填土和开挖岩石破面交界处设置排水盲管（外包无纺布）；回填土体内部设施排水盲管（外包无纺布），竖向间距间隔一层布置一道。以上措施可以排除土石界面处富集水以及回填土内不积水，减少水的危害；并于坡底外侧设置排水沟，防止水对坡脚的冲刷。

6.4.2 岩石洞口绿色格宾防护工艺

绿色加筋格宾施工一般包括：地基处理、基槽（坑）开挖、排水设置、基础砌（浇）筑、构件组装、填料摊铺及压实、附属构件安装等并应做好工程质量检查、工程验收等工作。填料的压实、筋材网面的铺设质量是保证绿色加筋格宾回填技术的关键。

（1）准备工作

中线测量、恢复原有中线桩，测定绿色加筋格宾结构面基线。可根据地形适当加桩，并应设置施工用固定桩。水平测量、测量中线桩和绿色加筋格宾回填坡体的基础高程，并设置施工水准点。

（2）施工工艺流程

绿色加筋格宾回填技术的施工工艺流程如图6-30所示。

（3）基础工程

基槽（坑）开挖前，应进行详细测量定位并标示出开挖线；基槽（坑）应按设计图纸要求开挖到设计高程、槽（坑）底平面尺寸一般大于基础外缘30cm；应做好排水工作。对未风化的岩石应将岩面凿成水平台阶。台阶长度除满足面板安装需要外，高宽比不宜大于1∶2；基槽（坑）底土质为碎石土、砂性土、黏性土等时，应整平夯实。

（4）绿色加筋格宾的安装

将预先组装好的绿色加筋格宾构件放置在规定的位置，各绿色加筋格宾构件面板相邻边缘均需进行绞合连接，所有的绞合方式均按间隔10～15cm单圈缠绕—双圈锁紧进行间隔绞合，使面板形成一个连续的整体面。

（5）填料的摊铺、压实

绿色加筋格宾挡墙的填料应根据筋带竖向间距进

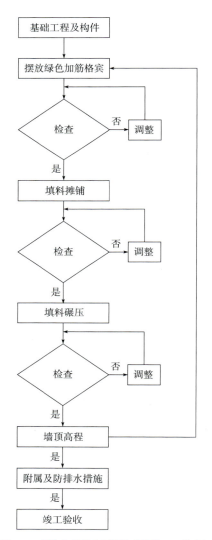

图6-30 绿色加筋格宾回填技术的施工工艺流程

行分层摊铺和压实；摊铺时可采用人工摊铺或机械摊铺，摊铺厚度应均匀一致，表面平整，并设不小于3%的横坡。

（6）防排水及其他工程

绿色加筋格宾挡土墙工程中的透水层、隔水层等防排水设施应按设计要求与加筋体施工同步进行。

6.4.3 岩石洞口绿色格宾实施效果

京张高铁南口、居庸关、新八达岭隧道洞口边坡工程首次采用了绿色加筋格宾技术，通过对施工工艺和施工质量的控制，隧道洞口工程绿色加筋格宾防护也取得了良好效果，最大限度地恢复了施工破坏的山体，解决了八达岭景区植被施工、采石破坏、创伤绿化困难等问题。绿化工程与长城元素的景观洞门设计相结合，让工程与自然景观更和谐，更增添了古典与现代的融合美，现场实施效果如图6-31～图6-34所示。

图6-31 居庸关隧道出口绿色防护图

图6-32 居庸关隧道进口绿色防护图

图6-33 新八达岭隧道进口绿色防护图

图6-34 南口隧道出口绿色防护图

CHAPTER 7
>>>> 第7章

站房绿色设计
THE GREEN DESIGN OF RAILWAY STATIONS

京张高铁绿色设计与技术

绿色铁路客站是指在铁路客站的全寿命期内，最大限度地节约资源（节地、节能、节水、节材）、保护环境和减少污染，为旅客和工作人员提供健康、适用和高效的使用空间，与自然和谐共生的交通建筑。绿色铁路客站发展任重道远，国家铁路局于2014年发布了《绿色铁路客站评价标准》（TB/T 10429—2014），相关政策举措急需填补。《铁路旅客车站设计规范》（TB 10100—2018）中要求铁路客站应进行绿色建筑设计，中小型铁路客站应达到现行《绿色铁路客站评价标准》（TB/T 10429）中的一星级要求，大型铁路客站应达到二星级要求，特大型铁路客站应达到三星级要求。

7.1 融合性规划设计

铁路客站是城市对外交往的重要载体，是反映城市形象的重要"门户"，与城市结构、景观、文化紧密相连，直观展现城市的风土人情、人文历史和时代风貌。近年来，国家支持鼓励"站城融合"发展，越来越多的铁路客站和城市建设规划在前期就开始统筹策划。国铁集团提出的新时代铁路客站"畅通融合、绿色温馨、经济艺术、智能便捷"的方针，也是对"站城融合"的有力回应。

在"站"与"城"的关系方面，京张高铁各站房做出了一系列研究与探讨，从规划层面即与城市、自然环境充分融合并强化一体设计，提出了站房绿色规划设计的五种模式：一是改造提升融合模式，以北京北站为例的基于旧站利用的铁路站房设计；二是织补融合模式，与城市相融，缝合城市，以清河枢纽为代表的缝合城市，创造亲人尺度及集多种交通融为一体的综合交通枢纽；三是扩城融合模式，城市边缘的融合，扩城功能，以张家口站为代表作为新城开发，成为带动城市发展的新枢纽；四是消隐融合模式，与自然环境相融，以八达岭长城站为代表，体现对环境尊重的、消隐融合的特色车站；五是奥运融合模式，与奥运主题相融合，以太子城站为代表，实现站房平时与奥运期间在功能布置、流线组织、文化理念方面的融合与转换。

7.1.1 改造提升

北京北站是改造提升模式的代表。北京北站地处首都北京，坐落于首都中央行政区西环广场综合体、北京西直门区域综合交通枢纽内，国铁、地铁、城铁、公交等多种交通汇集在此，经过20多年来建设、运营，形成集地铁2号线、4号线、13号线，国铁（北京北站）和地面公交多种交通体系及综合服务为一体的综合性大型交通枢纽（图7-1），这里聚集了大量的人流和车流，承担着巨大压力，因此北京北站开发建设用地受限。

2016年开始对北京北站既有站的车场、广场、站房内部主要设施，开展以"智能、精品"为主导的适应性改造研究。改造工程的设计秉承"畅通融合、绿色温馨、经济艺术、智能便捷"准则，遵循首都上位规划，对功能定位、换乘关系、需求规模总体策划，深入研究。

图 7-1　北京北站平面位置图

（1）一线双站、多点乘降的设计思路，减小区域交通压力

通过一体化规划布局，提出"北京北站、清河站"双始发站的设计思路，形成多点乘降的进出站模式。此种模式打破了传统"一线一站"布局，避免了超大型客站"城中城"现象，符合首都"去中心化"的整体规划；有效减轻了西直门地区和北京北至清河间往返旅客交通压力；方便了清河地区尤其是回龙观小区（约60万人口）居民的出行，有效缓解了城市交通压力。

北京北站车场规模6台11线，与地铁2号线、4号线、13号线，公交车，出租汽车及社会车辆场相连；清河站站场规模4台9线，与地铁13号线、昌平南延线、地铁19号线支线、地下小汽车停车场、地面公交、出租车相衔接。两个站的总站场规模为11台20线，与6条轨道交通线路相连，均实现地上地下的立体换乘。这种始发站分散布置、多点乘降的设计思路，其客流疏散较同规模单个大型车站的疏散效率有显著提高，大大减少了区域的客流压力。

（2）区间线路下穿、织补城市的规划思路

为了解决京张高铁地面线路对城市造成的割裂状态，铁路在城区（五环内）采用地下隧道的方式，使原本被地面线路切割的城区融合贯通，城市主干道顺畅连接，保持了地面交通的完整性，同时，利用京张原地面铁路线空间，将其规划成为城市景观绿化带，即利用沿线京张铁路旧线改造为京张铁路遗址公园，将绿色引入城市，有效提升城市环境，提高居民幸福指数（图 7-2）。

图 7-2　京张铁路景观走廊

（3）站内升级，功能融合

在北京北站改造设计中，局部区域转变使用功能，进行检测加固并挖潜扩充既有房屋设施，合理地重组与布局。针对之前站房、站区、雨棚、站台等存在的安全、漏雨、渗水、变形等多年难题，进行综合提升改造与大范围治理，包括：站房内加设信息设备机房，将部分既有办公间施以功能的改变、重新布设，进行结构的检测、实施加固措施；预应力钢张拉无柱雨棚的整体检验、受力验算、安全卸载；侵入站台限界的住户搬迁；旧站台面凹凸变形的修复翻新；既有无柱雨棚屋面排水系统修复及涂新；站房内外给排水、客车上水的整治、设备管线统筹布置改移，等等。通过问题治理，将高铁运行中的不安全隐患降为零；提高了车站的适应性和功能品质，使旧站焕然一新（图 7-3）。

（4）艺术表达，绿色人文

北京北站处于北京市中心西二环，南靠西直门立交桥，北邻清华园，车场内存有清朝光绪三十一年（1905 年）平绥铁路西直门车站旧址，为北京市一级历史文物保护遗址，其主体建筑为詹天佑设计监造的船形站室。通过归纳北京北站独有的铁路文化与现代城市文明,重点在空间布局、建筑装饰、材料色彩方面进行改造设计。通过对既有车站局部立面、站区围墙、站内标志装饰、室内外建筑构筑物的细部设计,增强车站绿色温馨、人文关怀,提高车站客运环境品质,完善枢纽交通的空间形象,为首都文化中心平添了独特的生机和魅力(图7-4)。

图7-3 北京北站站内升级效果

图7-4 北京北站绿色人文设计

7.1.2 织补融合

北京北站—清河站是"融合模式"的典型代表，其设计要点集中体现在：整体规划，缝合城市；土地集约、交通一体化设计；功能复合，城市功能加强；文脉融合，展现地域特色等方面。

（1）整体规划，缝合城市

清河站通过站城区域一体化布局，用"下沉广场+地下通廊"的模式，将割裂的城市空间"织补"起来，在实现城市居民东西两侧自由穿行的同时，实现城市空间连续。

清河站周边分布有大量高新技术企业，上地信息产业区、中关村产业区、小米科技园等重要的高新技术企业在此聚集。其西侧为以科技产业园、产业大厦为主要业态的上地信息产业基地，东侧分布以上地产业区业态延伸的小米产业园、三元科技园等高新技术企业（图7-5）。大量乘客人群、商务人群与高新技术企业人才赋予片区极大活力的同时，要求区域具有完备的交通设施，满足大量人员的出行需求。

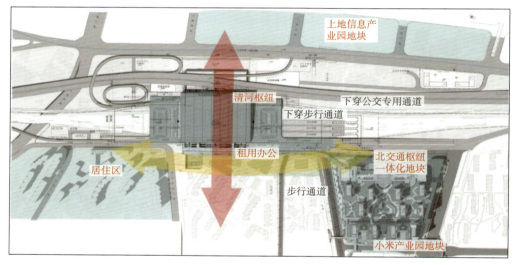

图 7-5　清河站平面规划示意图

清河站位于产业园区的中心地带，被运营中的京新高速公路、地铁13号线及铁路站场完全打断，交通非常不便，更是阻碍了东西两侧产业园及小区的人员通行。清河站通过"下沉广场+地下通廊"的模式，在实现东西两侧居民自由穿行的同时，实现了城市空间上的连续，站与城自然衔接。

（2）土地集约，交通一体

清河站周边大量的高新技术产业及住宅，使得区域交通压力基本满负荷，怎样减少因清河站的规划建设给区域交通带来的新的交通压力，是设计思考的重点和难点。同时因清河站用地紧张，周边限制因素多，怎样充分利用土地，与既有交通设施高效衔接，在有限的空间内构建高效、便捷的换乘体系，实现国铁、地铁、公交、出租车、小汽车等市政交通的高效换乘，是设计思考的另一重点。

清河站交通换乘一体化设计以客流预测及客运结构分析为依托,结合城市发展定位和周边交通配套发展需求,通过综合立体化空间布局、外部交通组织、一体化换乘设计等,实现交通枢纽与城市交通体系的一体化整合。

①国铁、地铁同场并线设置。

以关联度强的交通方式临近布置的原则,将运营中的地铁13号线进行拨线改造,将地铁13号线线路并入国铁站场同层设置(图7-6),其他2条地铁线路布置在站场下方,大大减少了3条地铁线路间、地铁与国铁间的换乘距离,实现高效换乘。

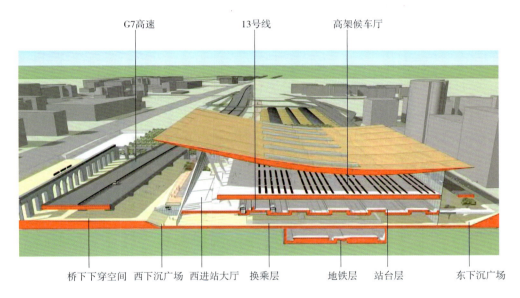

图7-6 地铁13号线改线与国铁站场并场设计

②与京新高速公路直接相接,形成"南进南回,北来北往"的外部交通方案,减小区域交通压力。

清河站南北两侧设置高架落客平台,主要承接北京主城方向及清河周边区域小汽车、出租车客流,旅客落客后可直接进入高架候车厅内候车。

根据客流及客运结构分析,大部分客流来自北京主城方向,即从清河站南侧进入。经分析,北京城区开车来的客流大部分会走京新高速公路,包括奥运期间流线也是从奥运村到北五环再到京新高速公路,最后到达清河站。因此,京新高速公路与清河站高效衔接是非常重要的。故将南侧落客平台作为主要落客平台使用,与京新高速公路直接相连,即从京新高速公路出京方向新建匝道直接到达清河站南落客平台,落客后小汽车不用到达城市道路,可直接通过京新高速公路进京方向的新建匝道直接返回北京主城区,出租车则可以到达地面出租车场。北侧落客平台作为次落客平台使用,承接清河站周边区域客流,设双向匝道与东侧城市道路站东街相连。且在清河站东侧设有南北落客平台的连接通道,作为应急及从北至南出租车专用。

这种"南进南回、北来北往，与既有高速公路直接相接，不到达城市地面道路"的设计方法，不仅有效提高了清河站远距离旅客到达及离开的出行效率，同时有效减少了因清河站的建设给清河站区域造成的交通压力。

③充分利用既有设施及地下空间，设置换乘调蓄广场，实现土地集约化。

站房东西两侧通过下挖处理，在周边狭长用地内，形成东西侧下沉广场；西侧充分利用京新高速公路桥下空间，设计为站前广场、公交车场及出租车场；东侧利用有限的道路空间，形成地下、地面及地上三层立体交通与东部城区相连。下沉广场以绿化景观为主，相互联通并向周边城区延伸；平时展现舒适宜人的等候休闲功能，节假日等高峰时期发挥其联通分散作用，疏解聚集旅客。

④交通换乘高度集约，实现一体换乘。

在有限的建设用地内，合理布置国铁、市郊铁路、地铁的各项功能空间，实现了交通高效集约。通过地下一层城市换乘通廊设计，不仅实现了多种交通方式的"零换乘"，且安检互认政策在清河站的实施，实现了地铁、国铁、市郊铁路的三向互认，避免了重复安检，提高车站通行效率，达到真正无缝衔接的便捷换乘；同时，满足了车站东西侧行人自由穿行的需求。结合下穿站场北侧设置的公交专用通道和城市慢行系统，进一步"织补"了被割裂的城市空间，达到了畅通融合的目的。

清河站各种交通方式高度集中，实现了土地资源、配套设施、环境资源的集约化，达成节地的高效率。

（3）文脉融合，展示地域特色

位于城市中心区的铁路客站，城市"名片"的功能和引领功能尤为显著。

清河站首先位于北京，要反映出北京古都的风貌特点。其次，清河站位于海淀区，要展现出海淀区的区域特征。海淀区曾是一片浅湖水淀，因北京的河流水系汇聚于此而得名，如今的海淀更是北京市高新产业的集中区。

同时，清河站作为京张高铁的重要节点，又因老清河站的平移保护，成为京张高铁唯一一处实现新老站房同框，能够直观展示百年铁路建设成就的车站，具有重要的历史意义。

为此，清河站建筑空间造型设计以"海纳百川、动感雪道、玉带清河"为意向，以塑造"舒展轻盈、简约现代、明亮通透、尺度宜人"的空间为理念，结合大跨度单坡曲面屋顶、A形柱廊、抬梁式悬挑屋檐等创新性结构造型，用现代设计手法传承历史文脉，既尊重北京的古都风貌，又展现了现代化城市枢纽建筑的开放与自由（图7-7）。

金属屋面在双向曲度的划分下连续流畅，一坡到底，犹如激情动感的高山雪道。西主立面曲线雨棚结合渐变百叶，轻盈舒展，蜿蜒如玉带般的清河水。站房整体简洁的轮廓搭配四周出挑的灵动飞檐，结合A柱阵列顶部的现代斗栱，呼应传统中式庑殿顶凸现古都古韵的同时，为车站周边复杂的城市环境带来新颜、新貌，展现北京北部枢纽区域新的秩序与形象。

站房绿色设计　CHAPTER 7

图 7-7　清河站外景图

7.1.3　扩城融合

以张家口站为例。张家口站是京张高铁的终点站，同时也是联系京张、京包、张呼铁路的重要节点站和纽带。车站北邻城市老城区，南侧规划有新的经济技术开发区，建成后的张家口站将成为城市南北发展的重要节点，城市经济开发区对外联系的大门和纽带。

京张高铁张家口站是站城一体化，是城市边缘的融合，是发挥新旧城纽带作用的典型代表。其设计要点集中体现在整体规划，发挥新旧城纽带作用；交通一体，引领城市；文脉融合，展现地域特色等方面。

（1）整体规划，发挥新旧城纽带作用

张家口站位于张家口市主城区以南，京包铁路张家口南站旧址，老城区的边缘地带，其北侧直面老城区，南侧为开发区，是张家口城市发展的重要节点和枢纽。为此，针对张家口站区域进行整体设计，从路网结构及功能定位方面进行全面规划。

城市路网设置上，打通新建和改扩建钻石路、虹桥路、中兴路南延下穿铁路隧道，完善南北道路联系；改造拓宽站前大街西段，使周边路网形成"三纵两横"布局形态。

规划上采用"一轴、三心、两区"的规划结构。

一轴：以张家口站南、北广场的连通为南北向轴线，为城市发展轴线，有效疏导人流形成。

三心：张家口站作为片区核心驱动，高铁枢纽为交通核心，南、北广场为城市绿心。

两区：西侧商贸文体会议中心及综合旅游服务区构成交通商旅服务区，东侧商贸酒店及创意办公建立交通商务办公服务区。

城市发展轴线可以重新构建，而新老城区之间、枢纽周边的城市道路也需要重新梳理。

以上规划架构丰富了火车南站区域功能，营造多元化的城市空间，达到"站城融合一体"的效果，并满足张家口未来的发展需要，也能让站区枢纽快速融入城市生活，成为后奥运时期张家口最有活力的地区。

整体规划上，以交通枢纽为城市建设中心，对站前南广场、周边用地性质进行详细调整，提高开发强度，提升张家口市的城市形象。将规划范围扩展至北侧广场，从整体上对综合交通枢纽的方案进行规划分析；合理布置铁路客运站、城市公共交通站、轨道交通车站、出租车及社会车停车场、广场及市政配套设施，使各种交通流线有机衔接，形成张家口市新的交通枢纽。

采用统一规划、分散布局、立体结合的形式，科学规划布置铁路客运站、城市公共交通站、轨道交通车站、出租车及社会车停车场、广场、市政配套设施等场地，创造易于辨识和理解的建筑场地空间逻辑；利用铁路客运站上进下出的流线，结合各部分场站的使用流线，通过地下换乘通廊衔接各种交通接驳方式，方便交通流线组织和旅客使用。

结合铁路客运站北侧主要为高速铁路业务的特点，分别在铁路客运站房东西两侧设置北公交站和北小汽车落客区，还对北侧站前大街西段（世纪路至钻石南路段）进行道路拓宽改造；结合交通管制合理规划不同车辆的道路渠化流线，有序控制站前车流。规划结合地下换乘通廊（城市通廊）出入口，在站前大街路北两侧设置广场，有效疏解集散进出站人流。通过上述措施可以充分解决北侧进出站和接送站需求，保障北广场站前道路行驶畅通。

南北两侧广场通过地下城市通廊、出入口以及场地景观和小品的设计，形成大型城市公共空间，在满足枢纽交通集散疏解需求的同时，向城市主动提供公共活动空间，方便人们进入广场参与各种活动。北侧主要满足消解近期交通需求，南侧主要面向未来规划，满足发展需求。在场地内环绕打造交通枢纽的集商业服务、商务办公、城市体验等功能为一体的创新多元的综合配套物业开发，丰富综合交通枢纽的功能，同时也为整个项目的分期建设创造了条件。

（2）交通一体，引领城市

张家口站作为新城旧城之间的连接点，要消除铁路线路对城市的物理分割，使之成为新旧城之间的"纽带"，引领城市的发展。

张家口站充分发挥综合换乘枢纽的定位，将高铁、普铁、旅游铁路、轨道交通、长途客运、公交场站等多种交通方式融为一体。以城市通廊为轴线，在东西两侧设置支线，北侧连接城市轨道交通1号线、2号线、旅游铁路线，并可最短距离换乘出租车、社会车；南侧设置长途客运和公交场站及地铁2号线，整个交通体系完整、便捷，如图7-8所示。

通过对站前机动化交通方式的换乘分析，流线组织遵循以下原则：主要交通换乘人流放置于地下城市通廊中；大型交通方式的换乘均放置于单体建筑内；小型车换乘均考虑方便快捷的停靠点；以人为中心，根据不同交通工具的使用流量和特点，重点解决人到达枢纽区域后的复合交通行为及其他需求。

对社会车与出租车交通流线进行了立体组织，让各类交通工具各行其道，流线无交叉，小型车流线可贯穿站场，直达南北。公交车、长途车在北侧设站点、南侧设站场，近距离接驳高铁。人行交通流线通过城市通廊轴线进行疏导，连通各个车行站点，在东西两侧设置支线，北侧连接城市轨道交通1号线、2号线，南侧换乘长途及公交车，并可最短距离换乘出租车、社会车，严格控制步行 300m 的换乘半径，各类交通紧密排布，人性化设置。

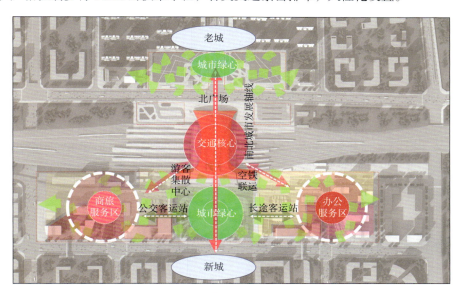

图 7-8　张家口站区域规划理念

外部路网组织上，秉承城市综合规划路网理念，结合立体综合客运枢纽需求，打通新建和改扩建钻石路、虹桥路、中兴路南延下穿铁路隧道，完善南北道路联系；改造拓宽站前大街西段（世纪路至钻石路段），提出未来枢纽核心区对外集散主干道路网主要由虹桥路、钻石路、中兴路、站前大街、站前南街（横一路）五条主干道承担，形成"三纵两横"布局形态，主干道通行车道规模达到双向 28 车道，总的集散能力达到 20200pcu/h，同时打通核心跨铁路地下城市通廊，除实现南北城市道路的接送站连接，还可作为生活性交通、慢行交通系统的出行通道。

（3）文脉融合，地域特色

车站设计理念结合张家口的历史文化以及自然风貌，源自张家口"大好河山"的大境门地标，以舒展的曲面造型将"人"字形的寓意融入其中，表达张家口地区"辽阔苍穹、广袤无垠"的人文意境。银白色的建筑屋顶仿佛积雪山脉映于天际，犹如张开双臂拥抱即将到来的 2022 年北京冬奥会。张家口站立面形象如图 7-9 所示。

图 7-9　张家口站立面形象

7.1.4 消隐融合

以八达岭长城站为例。京张高铁八达岭长城站位于北京市延庆区八达岭特区滚天沟内,是站城一体化中车站与自然环境相融的典型代表,设计要点集中体现在与环境相融,规模和形体的"消隐"及文脉融合,展现地域特色等方面。

(1)与环境融合,体现规模的"消隐"

八达岭长城站位于世界文化遗产保护区内,如何实现车站功能,方便游客便捷出行,体现高铁为人们带来极大便利的前提下,避免对景区造成干扰,与自然人文景观相融合是设计思考的重点。

规划之初,站址选择便有两个方案,一是在景区设站,方便游客出行;二是在景区外设站,避免对景区造成干扰,但游客需要通过摆渡车才能到达景区。经过多次评审与讨论,最终确定规划设计原则为尊重历史文化、强调环境保护,在此基础上,尽最大可能为游客提供便捷舒适的出行环境。为此,选择了景区设站方案。

为了减小大体量车站对景区造成的影响,控制地面站房的体量,避开景区敏感地带,最大限度地减少站房建筑对世界文化遗址景观的影响。为此,车站采用"地下站台+地面站房"的设计方式,即将候车、站台、轨道、设备用房等大部分功能设置于地下,地面仅设进出站厅。将站台层设于地下100m处,通过斜向通道与地面站房连接。当年"人字形"老京张铁路,克服了因高落差地势环境导致的爬坡困难,如今隧道技术的发展,使得线路从景区地下"悄无声息"地通过,使八达岭风景区得到了很好的保护。图7-10为八达岭长城站效果图。

图7-10 八达岭长城站效果图

(2)与环境融合,体现形体的"消隐"

八达岭长城站"消隐"的设计理念,不仅应用在地面站房规模的限制上,同时应用于站房的形体设计和材料运用上。

车站形体设计采用"化整为零"的设计方法,将进站厅、出站厅、站房办公三个功能体块有机组合,通过底层架空、虚化立面的方式弱化站房的建筑体量。站房外立面首层采用厚重的黄色花岗岩石材砌筑,二层采用轻盈的竖向米黄色陶棍内衬和米黄色仿石涂料,在冬日的暖阳下,八达岭长城站与长城淳朴雄厚、苍茫寥廓的人文风貌融为一体,浑然天成。另外,站房屋顶采用绿化屋面做法,将周边山体的绿化引入到站房上方,与山体相融共生(图7-11)。

图7-11 八达岭长城站与山体相融合

(3)注重细部设计,融于地域特色

在站房与山体相接处,一是设置错落有致的台地,通过位置成不同高程与山体相连,消除山体出现的陡坡现象,同时通过绿化挡墙美化构筑物的体量,与山体自然过渡,使得建筑成为山体的一部分。二是通过设置下沉广场,给地下一层候车厅引入更多的自然阳光和自然景观,在节能降耗的同时增加候车厅的舒适度。

在景观绿化方面,通过大面积屋顶绿植及挡墙绿化,将站房与长城风景区周边的自然地貌融为一体,达到修复、保护山体生态的需求,烘托"形隐于山、沉静稳重"的建筑效果和氛围,弱化建筑对历史文化遗址和自然景观的影响。

在站房夜景照明方面,通过地面洗墙灯和嵌在墙内的点式光源将粗犷的石材墙面照亮,广场中部设置的光导管反透出地下一层候车厅的柔和光源,与站房本身配置的信息显示光源一起,共同烘托出八达岭长城站晚间安静、柔和的夜景效果。

另外,室内装修集中则体现了"重结构、轻装修、简装饰"的设计理念。站房区域大面积采用清水混凝土饰面,天然、庄重,体现出建筑原始的美感。地下站台采用人字灯吊顶,墙面采用吸音砂岩板,两侧分别配以新老京张文化主题浮雕,实现历史与现代的对话(图7-12)。

图 7-12　八达岭长城站地下站台

7.1.5　奥运融合

以太子城站为例。太子城站位于京张高铁崇礼支线，张家口市崇礼区太子城村，是 2022 年北京冬奥会的主赛场，距离张家口市 50km，距离原崇礼县城 15km，距离太子城村 2km，基地景观条件优越，是距离奥运赛场最近的高铁站。

太子城站站房建筑面积 12000m^2，车场规模 3 台 4 线，远期高峰小时发送量为 800 人，奥运期间高峰小时发送量为 6000 人，站型为线侧下式车站。

京张高铁作为 2022 年冬奥会的重要基础设施，承担着奥运期间旅客及运动员的出行需求。清河站作为京张高铁的第二站，冬奥会的始发站，站房设计需满足奥运期间运动员、大家庭等出行需求。延庆站作为冬奥会延庆赛区的高效便捷通道，是冬奥会重要的交通配套设施。太子城是 2022 年北京冬奥会的主赛场，太子城站则被国际奥委会称为首座建在奥运赛场内的高铁站，是满足奥运功能、流线等需求的最直接的车站，是站城一体化中车站与奥运主题相融的典型代表。设计重点体现在功能、流线一体化，实现平时与奥运时期的功能转化；文脉融合，展现地域和奥运特色等方面。图 7-13 为太子城站效果图。

图 7-13　太子城站效果图

（1）功能一体化，实现平时与奥运时期的功能转化

因奥运期间的客流量和客流特征与非奥运期间差别较大，太子城站就平时与奥运时期的功能布局进行了灵活的设计，一方面保证不同时期旅客的出行需求，另一方面避免对车站的规模、功能分区的设计等进行大的调整，在节俭办奥运的理念下，实现车站功能、奥运需求、建设投资等各方的平衡，实现平时与奥运时期功能的互相转化，体现了功能一体化的主要理念。

平时与奥运时期功能转化的主要内容为：平时站房地下一层为出站厅、设备用房及出站旅客服务区，一层为候车区及售票区，夹层为进站旅客服务区。奥运时期客流分为普通观众、注册人群及运动员、贵宾人员等。受瞬时客流增多的影响，将地下一层调整为临时候车厅，作为普通观众候车区；一层为注册人员候车厅；夹层作为运动员及贵宾人员候车厅。按照奥运需求，将不同人群分为不同的候车区域，互不干扰，在控制规模的同时，满足了不同时期旅客对车站的功能需求。

（2）流线一体化，实现平时与奥运时期的流线转化

除功能转换外，奥运期间客流类型区分较为明显，不同人群的流线相对独立，与平时客流差别很大。在设计阶段，太子城站结合车站与枢纽的功能布置考虑了旅客流线转化的可能性，将奥运期间普通观众、注册人群、运动员及贵宾人员的进出站流线分别独立设置，满足奥运期间各种人群的交通运输、安检等需求；平时客流则结合车站及市政枢纽的交通接驳，满足铁路出行人群的交通需求。

（3）文脉融合，展现地域特色和奥运特色

太子城站作为新建车站，设计之初即结合了周边区域环境，提出"尊重自然、融入自然"的设计理念，场地周边为山地环境，太子城站外形元素取自周边的"山"形，双曲屋面直接落地，与山地环境相呼应；同时车站的屋面即外立面采用银白色，呼应了高铁列车的流线型；车站内部奥运文化和冰雪文化元素浓厚，奥运五彩灯、体现滑雪运动的铝板切割工艺装饰、雪花灯装饰等，将地域冰雪文化与奥运特色文化进行了完美结合。图7-14为太子城站雪景。

图7-14　太子城站雪景

京张高铁绿色设计与技术

7.2 友好型空间环境设计

八达岭长城站是深埋地下站,旅客候车空间、站台空间均处于地下,地下空间总建筑面积约47000m²,其中站场埋深于地下102m,是目前世界最大埋深的高铁客站。如此大体量、深埋且人员密集的地下建筑,存在大量的需要解决的技术难题。设计从改善旅客空间环境和乘降心理感受的角度出发,引入铁路绿色三星站房评价体系,打造绿色环保、便捷宜人的高铁乘降空间。

7.2.1 地下候车空间设计

旅客候车厅位于地下一层,属于旅客等待空间,人流密集且停留时间较长。设计充分利用站房依山而建的地势条件,结合地下空间旅客疏散的需求,在站房与山体之间打造了一片绿色采光庭院,将充足的自然光线与绿色山体环境引入候车空间,提升候车空间的环境品质(图7-15)。考虑站房进深32m,庭院采光难以满足候车厅照度需求,站房平台增设了导光管系统,对候车厅进行补光,节能并改善了室内光环境(图7-16)。

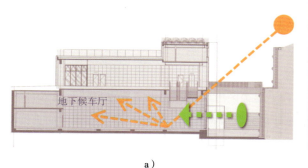
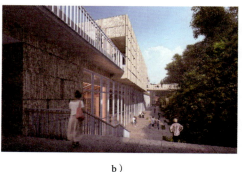

a) b)

图7-15 构建下沉庭院,营造通风采光的绿色候车空间

图7-16 八达岭长城站地下候车厅

为保证下层景观庭院的安全性，并减少工程对自然山体的损坏，项目在山体侧设置了18m高装配式锚杆挡墙，分8m高和10m高两层实施，墙体顶部、分层处及底部设置景观绿化，并在墙面满铺钢绞线诱导爬藤植物生长，形成与环境融合的立体景观墙，将站房与山体进行绿化缝合。

7.2.2 封闭空间环境设计

作为世界上埋设深度最大的高铁客站，八达岭长城站地下站场埋深约102m，与地面站房水平距离约280m，竖向提升约62m，通过上下叠合的进出站平通道及斜通道（长大扶梯）与地面出站厅和地下候车厅连接，从而形成了一系列形式单一、距离冗长的密闭隧道空间（图7-17）。如何弱化地下密闭空间沉闷、单调的空间感受，提升环境品质，是八达岭长城站室内空间环境设计的重难点与成败的关键。设计结合以往地下客站及地铁工程经验，从室内光环境、声环境和热环境及视觉导向系统四方面进行了深入研究，通过建筑艺术统筹，打造出舒适、便捷、人性化的乘降空间。

图7-17 八达岭长城站封闭空间

（1）光环境设计

车站地下隧道空间截面相似、造型简单，相互连接穿插，空间连续但转折较多。由于地下空间采用全时段照明，照明设计的核心是功能、视效、节能三大要素的统筹考虑。根据地下空间特点及旅客行为模式，设计制定以下原则。

①根据旅客行进速度，设置不同的照度，行进速度快及空间转折区域照度高，速度低的区域照度低。

②根据相联系的其他区域的环境来设置照度，以配合视觉的适应，由于室外空间高亮度，因此临近地面的照度高，接近地下的照度低。

③适当提高整个地下空间的照度，并在局部大幅度提高照度和色温，以减轻地下缺少自然采光给人带来的沉闷和压抑感。

④采用"点""线""面"组合的照明形式，与土建本体质朴、厚重、简洁的风格形成对比，突出地下超级工程本身的宏大。

根据以上设计原则，照明设计使用了形式统一的定制灯具贯穿始终，和吊顶结合为一体，造型纯粹简洁，又紧扣京张线的"人"字主题；通过不同功能区灯具形式、照度及色温的细节调整优化了空间视觉效果，也达到了绿色节能的良好效果（图7-18）。

a）地下入口空间

b）通道空间

c）长大扶梯空间

图7-18 封闭空间光环境设计

（2）声环境设计

经现场实测与实验模拟，地下站中频500Hz混响时间设计指标定为1.5s，在该状态下，站台内的语言清晰度达到0.45，能够满足旅客正常语言交流及站内广播的清晰播放。经过多方比选论证，室内装修最终选择了"吸音砂岩板"与"吸音涂料"组合的降噪方案。为达到建筑艺术与室内声环境的和谐统一，设计对两种吸音材料在空间内的多种布局方式进行了分析模拟，最终确定了3m高墙裙与局部空间吸音涂料的内装方案（图7-19）。

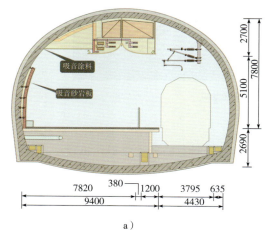
a）

b）

图7-19 封闭空间声环境降噪设计（尺寸单位：mm）

（3）热环境设计

车站在地下埋深较大，经过气流与隧道壁的热交换，完全可以达到恒温、恒湿的良好环境。高铁列车正线通过八达岭长城站的时速为250km，隧道通风效应强，为地下站取消空调、绿色节能提供了有利条件。

通过模拟及实测，设计考虑了多条活塞风泄压通道，并统筹考虑风压对旅客空间气流的影响，最大限度地利用隧道通风带动室内外空气的交换，整个地下站空间公共区域不设置任何空调设备，也能满足温湿度环境要求，节能效果显著。同时，地下站内设置温湿度传感器对环境进行自动检测，极端情形下，如室内温度超标，可自动控制开启设置的平消兼用风机对公共区通风，增加了一道保障措施。

7.2.3 信息导向设计

地下站进出站通道较长，与站台连接存在90°的空间转换，旅客乘降过程中要进行22m和40m两次竖向提升。旅客信息导向系统的连续性与辨识性对于弱化旅客在密闭环境下的紧张与压抑起着至关重要的作用。通过空间视觉分析，设计从装修视觉导向和标识系统导向两方面进行了统筹考虑。

为避免客流交织引起混乱，设计之初已将进站、出站流线进行了物理分隔，上下叠加。结合长通道的线性空间特征，设计使用了形式统一的定制灯具贯穿始终，与旅客的行进方向保持一致，从装修形式上为旅客提供强烈的视觉导向。另外，改变传统标识模式，按每27m设置一处发光导向标识，并在地面增设导向地贴。顶部连续性光源、地面引导地贴加上墙面发光标识信息的结合，为旅客提供了全方位的信息引导（图7-20）。

图7-20 信息导向标识

同时，为强化旅客视觉导向与空间节奏，在隧道空间内的平面转折与竖向转折点，设计中都采用了空间节点处理（图7-21），增加了旅客对空间的识别性，弱化了封闭空间的枯燥感。

a）进站斜通道上口部　　　b）出站斜通道上口部　　　c）进站平通道交叉口

图 7-21

d）进站斜通道

e）出站斜通道

f）出站平通道交叉口

g）进站斜通道下口部

h）出站斜通道下口部

i）站台空间

图 7-21 空间节点处理

7.3 创新型站房绿色技术

7.3.1 智能百叶遮阳技术

清河站主立面朝向西侧，即 175m 面宽的高架候车厅朝向西侧，优点是候车厅有良好的视线景观，能够看到西山的优美景色，缺点是西晒带来的弊端。如何实现西晒与视线景观的平衡点，是设计需要思考的重点和难点。

针对清河站西立面大面积的玻璃幕墙，首先西向设计了长约 19m 的大屋檐出挑，以达到西立面上部空间的遮阳效果。立面下部，距顶约 7.1m 的位置往下部位设计了智控翼帘型百叶建筑遮阳系统（以下简称智能百叶遮阳），弥补了玻璃幕墙不利于遮挡热辐射的缺陷（图 7-22）。抗风横梁及竖向抗风杆件设置在幕墙外侧，利用智

图 7-22 清河站西侧智能百叶遮阳

能百叶系统进行遮挡，使清河站室内为完整的玻璃面，同时百叶利用横纵抗风结构进行连接，室外一侧进行很好的遮挡，同时避免百叶连接件造成的冷桥。百叶的翻转角度可以根据需要调节，夏季可以遮挡阳光，有效阻隔太阳光的直射，防止室内温度上升；冬季可以阻挡外流的热量，兼具一定的保温效能。

7.3.2 清水混凝土绿色应用技术

京张高铁站房在公共空间设计中处处秉承着"重结构、轻装修、简装饰"的理念,以实现材料的可持续发展及经济艺术的高度融合。

(1) 清水混凝土在站厅内的运用

清水混凝土因其具有环保、装饰性强,可减少二次装饰等优势,在京张高铁站房工程中进行了应用,如图 7-23 a)所示。清河站地下换乘大厅内桥柱、盖梁均采用了清水混凝土一次浇注成型、不做二次装饰,直接利用现浇混凝土的自然表面效果作为饰面,造型简约,整个空间现代自然、绿色环保,体现了材料的质感美。太子城站地下一层公共区内的所有桥梁柱均为利用清水混凝土一次浇注成型,同时混凝土柱面上均进行了篆刻工艺雕刻,形成独特的室内景观。八达岭长城站站房区域也采用大面积清水混凝土饰面,天然、庄重,体现出建筑原始的美感。

(2) 清水混凝土站台有柱雨棚的研究与应用

建立了一种集多专业协作于一体的高铁站房清水混凝土雨棚设计方法。打破了普通混凝土雨棚单一单调的外形,结合建筑优美的造型,与结构、给排水、强电、信息、信号、标识等多专业协作,做好预留预埋,解决了普通混凝土雨棚管线明露外观效果不佳及线缆预埋不利于设备检修更换等问题,节省维护成本。京张高铁昌平站、东花园北站、下花园北站、张家口站、怀来站采用了该设计,体现了重结构、轻装修的设计理念,达到了结构与装饰的完美统一,如图 7-23 b)所示。

a)　　　　　　　　　　　　　　b)

图 7-23　清水混凝土绿色技术应用

CHAPTER 8

>>>> 第 8 章

景观设计
LANDSCAPE DESIGN

京张高铁作为重要的奥运配套工程，同时因沿线经过北京城区及大量风景名胜区，规划之初，京张高铁就着力打造成一条绿色生态长廊，发挥绿色、生态铁路的作用。

京张高铁依据全线系统景观分区开展绿色景观设计，除结合各段景观分区的自然特征、人文特点外，还分为重点区域和一般区域，按照"重点区域景观设计，一般区域生态设计"理念开展生态绿化及景观设计。

8.1 廊道景观特征

京张高铁沿线经过城市平原、燕山山脉、官厅水库库区、塞北高原、塞外丘陵等地区，地形地貌丰富，特征明显。此外，京张高铁由于其特殊的地理位置，具有深厚的历史与文化传承性，因此，统筹规划全线绿色景观与人文设计，因地制宜，注重对地方自然景观、历史文化的保护，将沿途的景观资源与铁路自身进行有机整合，使铁路自身的线形，绿化植被，主要构筑物的造型、色彩、质感等与周边环境相协调，打造铁路绿色生态长廊。

2019年7月，河北省编制印发《京张高铁生态廊道绿化设计方案》，方案明确提出："沿线地区将坚持造林为主、造改并举，加大造林绿化，并对已有的生态廊道进行改造提升，补植、补造彩叶树种、常绿树种和花灌木，全面提升高铁两侧廊道绿化水平。改造提升沿线现有廊道，按照'林窗补绿、林冠添彩'原则进行改造提升，解决京张高铁两侧树种单一、色彩单调、缺行断带、长势衰弱等问题。对现有林带，通过大斑块的采伐和栽植本地乡土树种的更新改造措施，增强生态廊道树种生长势和活力。对缺行断带区域，实施彩色绿化、立体绿化、景观绿化，实现三季有花、四季常绿。同时大力治理沿途矿山，在京张高铁两侧，特别是怀来县、下花园区、宣化区奥运廊道交通沿线，对于停产矿区的区内废石堆进行整理、覆土，对已关闭矿山、历史遗留废弃矿山及运行终结的尾矿库，进行植树种草，恢复林草植被，加快生态修复绿化。"高质量完成京张高铁生态廊道绿化工作，是落实"绿色办奥"理念的重大举措，京张高铁也成为路地共建绿色生态长廊的典范。此外，基于文化传承和文物保护理念，京张高铁将"人"字形铁路变成了"大"字形铁路，深化了其文化内涵，同时为北京枢纽保留了老京张铁路，充分体现了绿色、共享的发展理念。

京张高铁设计过程中，将生态效益、环境功能和美学特征统筹兼顾，基于行车理论研究，结合不同区段时速限制，对动车的行驶过程、进出站、停靠阶段进行系统分析，并结合视觉舒适度的研究，划定视觉敏感区域为重点设计区域。在满足客站交通功能前提下，从色彩搭配、空间尺度方面进行景观设计，重点突出以下三方面。

（1）以人为本

"安全经济，实用美观"，铁路是重要的运输途径，其安全性必须要得到保障，铁路建设园林绿化也必须遵从安全性这一原则，在确保铁路安全不受影响的情况下来实施绿化。与此同时，创造满足审美需求、舒适宜人的景观环境，体现人文生态。以人为主导，根据使用者需求引领景观功能，建设具有生态防护、景观休闲等综合功能的生态绿地。

（2）生态涵养

"以绿为主，弹性涵养"，最大限度实现资源化统筹利用，将建设材料属地化、乡土化，在建设养护各阶段降低成本，减少资源和能源的消耗和浪费，营造地域特色景观。充分考虑当地的自然地貌条件，在植被选择上考虑能净化空气、减少噪声、改善铁路沿线的空气质量和环境质量。同时，在设计中还要追求美观设计精细化处理，不能过渡填挖，以保证生态平衡。在铁路建设的施工阶段，加强对已有景观绿化的维护和管理，防止乱砍滥伐。

（3）智能人文

"天地合德，百年京张"，结合现代交通设施智能特点，反映中国文化、高铁精神和地域特色。

8.2 区间景观设计

8.2.1 边坡景观

京张高铁作为国内首条智能高速铁路，建设过程中开展了"打造世界高铁建设的典范，建设优质、创新、生态、人文和廉洁工程"的活动，路基边坡植物景观设计就是其中一项。京张高铁沿线大部分属于严寒地区，大风、寒冷、干燥的特点是不利于植物生长的主要因素，如何在各式各样的景观植物中，选取既满足景观图案色彩搭配的需求，又符合路基工程现场气候条件等自然生长特征的景观灌木是一个难点。

为更好地开展寒冷地区城市景观观赏性灌木适应性研究，选取了3个路基边坡景观试验段，开展植物景观设计研究，分别命名为"五彩冬梦""飞越四海"和"继往开来"。

（1）五彩冬梦

DK140+117.11～DK140+519.80段深路堑，长402.69m。工点位于张家口市下花园区，路堑右侧边坡与G6高速公路通视，最热月平均气温23.7℃，最冷月平均气温−9.6℃，多年平均相对湿度54%，年均降雨量333.7mm，年均蒸发量1856.3mm，土壤最大冻结深度1.36m。设计主要采用的植物有卫矛、蓝粉云杉、金枝国槐、桧柏、红瑞木、沙地柏等，以五环元素为设计出发点，采用整体宏观色彩搭配及造型，并进一步展开为彩色植物飘带，与冬奥会会徽交相呼应。"五彩冬梦"植物景观设计效果图及实景图如图8-1和图8-2所示。

（2）飞越四海

DK90+000.0～DK90+698.14段路堤，长698.14m。工点位于张家口市怀来县东花园镇，西邻官厅水库，最热月平均气温25.3℃，最冷月平均气温−6.7℃，多年平均相对湿度50%，年均降雨量 363.2mm，年均蒸发量 2327mm，土壤最大冻结深度 1.0m。设计主要采用的植物有卫矛、金叶女贞、金叶水腊、小叶黄杨、红瑞木、沙地柏等，以大波浪为造型，映衬我国改革开放以来，高铁事业不断飞跃、超越自我的拼搏精神。"飞越四海"植物景观设计效果图及实景图如图 8-3 和图 8-4 所示。

图 8-1 "五彩冬梦"景观设计效果图

图 8-2 "五彩冬梦"实景图

图 8-3 "飞越四海"景观设计效果图

图 8-4 "飞越四海"实景图

（3）继往开来

DK155+725.0～DK157+119.29 段深路堑，长 1393.99m。工点位于张家口市宣化区，最热月平均气温 23.7℃，最冷月平均气温 –9.6℃，多年平均相对湿度 54%，年均降雨量 333.7mm，年均蒸发量 1856.3mm，土壤最大冻结深度 1.36m。设计主要采用的植物有卫矛、蓝粉云杉、金枝国槐、桧柏、红瑞木、沙地柏等，以水滴、海浪搭配造型，象征高铁在"一带一路""走出去"的时代要求下，乘风破浪，继往开来，做大、做强我国的高铁品牌，使高铁稳居世界领先行列。"继往开来"植物景观设计效果图及实景图如图 8-5 和图 8-6 所示。

图 8-5 "继往开来"景观设计效果图

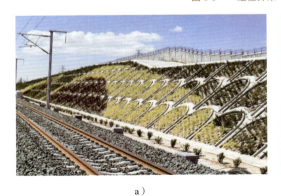 

a） b）

图 8-6 "继往开来"实景图

8.2.2 桥梁景观

（1）九仙庙中桥景观设计

九仙庙中桥位于京张高铁居庸关隧道出口和新八达岭隧道入口之间，地处八达岭长城景区内。

长城历史悠久，八达岭长城是明长城中保存最好的一段，也是最具代表性的一段。在充分融入大气宏伟的人文理念基础上，采用了"天人合一，效法自然，和谐包容"的设计理念。根据桥址区自然环境并充分结合地形、地质条件，选择了最适宜的桥型——拱桥，以 1×45m 上承式钢筋混凝土无铰拱桥跨越山谷冲沟，使工程能与景区周围环境相协调，融于自然。对拱桥结构造型、外观装饰进行精心设计，使桥身、桥头、隧道入口各个部分的风格保持一致；拱上两侧各设两个挖空的腹孔，腹孔顶为圆曲线，既减轻了自重，又使结构造型优美、圆润，富有动态感；拱桥外立面以刻槽进行装饰，与外部环境整体和谐，增强其观赏性。整座拱桥像一波优美的彩虹展现在八达岭风景区。

拱桥结构计算跨径 45m，矢高 10m，矢跨比为 1/4.5，桥型布置如图 8-7 所示。拱圈采用实心等截面，截面高 1.6m，宽 12.2m。拱轴线采用悬链线，拱轴系数 m=1.8。拱上建筑为 C30 混凝土，在拱上左、右侧各设两个净距 5m 的腹孔，两腹孔间孔壁厚 2m。腹孔顶为 R=3.0m 圆曲线，腹孔顶最小混凝土厚 1.6m，以满足行车需要。设置腹孔既减轻了自重，又增加了结构景观效果，如图 8-8 和图 8-9 所示。该桥针对桥梁护栏形式专门进行了设计，最终确定采用具有长城元素的景观栏杆形式，如图 8-10 所示。

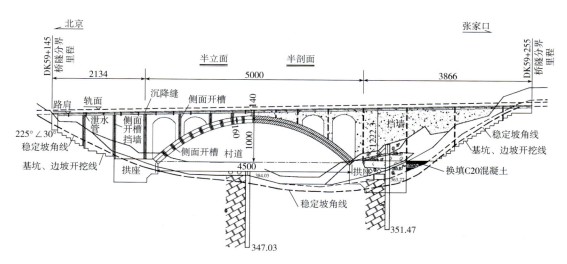

图 8-7 九仙庙中桥桥型布置图（尺寸单位：cm）

（2）官厅水库主桥景观设计

官厅水库特大桥是京张高铁的重点控制性工程之一，该桥位于张家口市怀来县境内，在官厅水库大坝上游 16.7km 处跨越官厅水库，属全线景观分区中的大泽风光段，主桥实景图如图 8-11 所示。

图 8-8　九仙庙中桥景观设计效果图

图 8-9　九仙庙中桥实景图

长城，又称万里长城，是中国古代的军事防御工程，世界八大奇迹之一。长城始终是一条纽带，把生活在它两边的人民联系在一起。中国有句古语叫众志成城或众心成城。今天，也可以这样说：长城，中华民族的众志之城！本方案借鉴长城箭楼的形象结构，与隧道口的形象相统一，和谐美观。

图 8-10　九仙庙中桥长城元素栏杆图案

图 8-11　官厅水库主桥实景图

官厅水库特大桥全长 9077.89m，其中主桥采用 8 孔 110m 简支拱形钢桁梁跨越官厅水库，拱形钢桁梁采用变高曲弦拱形桁式。钢拱桁支点跨度 108m，端部总长 109.7m，采用变高曲弦拱形桁式。拱顶高 19m，宽 13.2m，节间长 10.8m，支座距梁端距 0.85m。桥面采用正交异性钢桥面板，钢桥面板上挡砟墙内侧铺设 20cm 厚混凝土道砟槽板。该桥是国内建成的桥中，通行速度最高、铺设无砟轨道最长的钢桁梁桥。

大桥的建设充分体现了"轻质、大跨、环保"的现代铁路建设理念。从外观上看，该桥由八个曲弦拱梁组成一道彩虹，跨越广阔平静的官厅湖面，桥梁结构富有韵律，造型优美，与湖面交相辉映，是官厅水库上一道亮丽的风景。

（3）人文奥运特色的附属结构景观设计

附属结构景观以功能优先、满足受力为前提进行造型设计。栏杆造型体现奥运主题，结合沿线地域文化，提炼造型元素，最终选用具有冬奥会特色的栏杆图案（图 8-12）；人行道盖板表面采用京张城际铁路有限公司标志（logo）和环保人文图案（图 8-13）。其在符合铁路设计规范的基础上将实用性及观赏性结为一体，打造主题景观型铁路。

a)　　　　　　　　　　　　　　　　　　b)

图 8-12　冬奥会元素栏杆图案

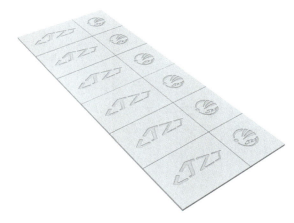

图 8-13　人行道步板设计图案

8.2.3 隧道景观

京张高铁共设 10 座隧道，除清华园隧道无洞门、两端接 U 形槽设置景观声屏障外，其余 9 座隧道共有 18 个洞门，设计分布情况见表 8-1。根据隧道洞口所处位置、周边环境，将全新隧道洞口景观设计分为重点景观洞门和一般洞门。重点景观洞门共 6 个，一般洞门共 12 个，洞口分布示意如图 8-14 所示。

京张高铁隧道重点景观设计和一般设计分布情况一览表　　表 8-1

序号	隧道名称	进口里程	景观等级	出口里程	景观等级
1	清华园隧道	DK13+400	无洞门	DK19+420	无洞门
2	南口隧道	DK52+953	重点景观洞门	DK55+985	一般洞门
3	居庸关隧道	DK56+092	一般洞门	DK59+136	重点景观洞门
4	新八达岭隧道	DK59+260	重点景观洞门	DK71+270	重点景观洞门
5	东花园隧道	DK82+770	重点景观洞门	DK87+740	重点景观洞门
6	西黄庄隧道	DK132+250	一般洞门	DK137+130	一般洞门
7	董家庄隧道	DK142+195	一般洞门	DK143+357	一般洞门
8	祁家庄隧道	DK144+125	一般洞门	DK149+865	一般洞门
9	八里村隧道	DK169+600	一般洞门	DK171+032	一般洞门
10	草帽山隧道	DK172+980	一般洞门	DK180+320	一般洞门

1）隧道洞门景观设计原则

（1）基本设计原则

隧道洞门设计需要满足三大需要：一是安全需要，挡土压、防落石、截汇水；二是功能性需要，减缓空气动力学效应，顺洞内外衔接；三是美观需要，与环境协调，使工程美化，提升品质。

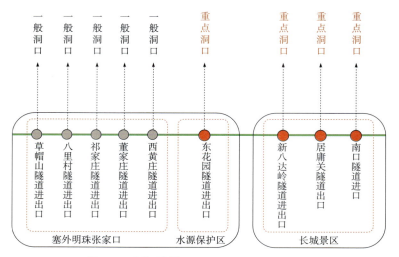

图 8-14 隧道重点景观洞口和一般洞口分布示意图

隧道洞门景观设计的基本原则为：在满足隧道洞门设计需求的基础上，实现洞门景观设计与地域特色相协调。

将地域特色融入隧道景观洞门设计，首先需要考虑地域特色包含的两个层面：自然环境层面和地域文化层面。自然环境层面主要是区域地形、地貌、植物、水、气候条件等；地域文化层面主要是区域历史传统、风土人情、观念习俗、建造技术等。地域特色可以提升自我形象，又可以传承古人遗留下来的精神财富。只有将地域特色融入隧道洞门设计，才能更好的体现富有地域特色的隧道景观洞门。

（2）地域特色和隧道洞门景观装饰的融合原则

将隧道洞门景观装饰与地域特色紧密结合，赋予一个恰当的主题。一个富有内涵的主题可以对隧道洞门景观装饰进行系统的风格定位，也能够充分利用丰富的地域文化。文化则主要通过符号的形式从历史长河中慢慢积淀下来，不断保留、抽取、再现，最终形成地域符号。同时中国的传统园林景观也是作为特殊的符号系统存在的，结合地域传统园林景观特色可以突出地域文化，将隧道景观洞门与地域文化结合，给观赏者留下足够的想象空间并且产生共鸣。

① 环境和意境相结合。

隧道洞门位于一个区域的环境中，环境本身对隧道洞门的景观提出了要求，隧道采用的地名词汇本身就具有历史或纪念意义，将环境和意境结合起来就会构思出优美的洞门形式。

② 协调与相辅相成。

隧道周边环境是客观存在的，应予以利用从而使洞门建筑与环境协调。发掘隧道周边的环境要素并满足各要素的自身要求，才能在洞门建筑改变周边环境后获得新的整体协调。

③ 平衡与稳定。

平衡与稳定是联系在一起的，平衡有两种体现手法：一是用绝对对称来体现平衡，对称是形态上的协调，显得均衡、稳重，是人们易于接受的美感。二是巧妙地将各种要素人为地结合在一起，构成整体综合平衡。同时洞门形态要在体量上注意均衡和稳定，还要善于应用不对称手法来获得整体平衡，重视动态平衡的效果。

（3）地域特色和隧道洞门景观装饰的融合表现手法

①宏观角度。

a. 保留与重生。保留是指将具有纪念意义的环境元素进行保留，也可使用现代技术进行处理或翻新和修补，以保持历史的完整性和真实性。重生则是指使原有景观获得新的活力，从而展示地域特色。

b. 延续与组合。延续是采用传承顺应的手段来保留住文化景观带给人们的感觉。组合则是通过整合景观元素来表达地域文化。

c. 提炼与易位。提炼是吸取景观文化元素的特点，赋予新的核心精神，使其达到更高的境界。易位则是通过改变景观的位置来保护地域文化。

②微观角度。

a. 材质的选用。洞门景观设计中，使用的材质是景观的主要载体，承载着景观的主体内涵。充分发掘本地域的特色材料和形式，能为景观设计增添不一样的魅力。

b. 地域植物生长环境的营造。选择适应地域气候条件的植物是保证景观洞门整体效果的重要保证。

c. 地域符号的表现。每个地域都有不同的符号文化，将其提炼出来运用到隧道景观洞门设计中，可以更为直接地体现地域文化。

2）重点景观洞门设计

重点景观洞门采用"地域元素、自然融合、简洁实用、美观大方"的设计理念。

（1）南口隧道进口洞门

南口隧道进口洞门采用老京张铁路既有的隧道洞门形式，让老京张文化符号在新京张工程中延续，老京张铁路洞门如图8-15所示，"古韵传承"洞门效果图及洞门实景图如图8-16所示。

（2）居庸关隧道出口与新八达岭隧道进口

居庸关隧道进口与新八达岭隧道进口采用古长城城墙、烽火台等元素，点亮关塞风光段，造型体现了中国古人创造的奇迹与现代化高铁隧道洞门墙的有机结合，同时拱桥、山涧、古长城相互辉映，融为一体，"烽台桥映"洞门效果图及洞门实景图如图8-17所示。

图8-15　老京张铁路"五桂头山洞"洞门

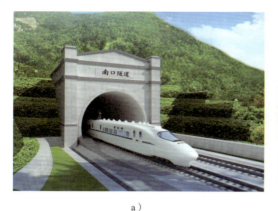

a)　　　　　　　　　　　　　　b)

图 8-16　"古韵传承"洞门效果图及洞门实景图

a)　　　　　　　　　　　　　　b)

图 8-17　"烽台桥映"洞门效果图及洞门实景图

（3）新八达岭隧道出口

新八达岭隧道出口采用长城城垛等表现形式，点亮关塞风光段。造型实现中国元素、百年京张文化与现代高铁的有机结合，体现了高铁隧道与区域环境和文化共生共荣的设计理念，"城台夕照"洞门效果图及洞门实景图如图 8-18 所示。

a)　　　　　　　　　　　　　　b)

图 8-18　"城台夕照"洞门效果图及洞门实景图

（4）东花园隧道进出口

东花园隧道地处大泽风光段，为浅埋隧道，两端出露地面，明洞顶部回填后采用灌草绿化，与周边整体环境一致，东花园隧道进口效果图及洞口实景图如图 8-19 所示。

a)　　　　　　　　　　　　　　　　b)

图 8-19　东花园隧道进口效果图及洞口实景图

3）一般景观洞门设计

一般景观洞门主要满足隧道洞口安全，结合洞口地形采用传统的挡墙式洞门、斜切式洞门形式，以恢复生态和植被为主进行隧道洞口绿化。以西黄庄隧道为例，其地处燕北风光段，洞门周边主要地形为高原，配合附近鸡鸣山等景观，隧道入口处设计与塞北高原和谐呼应，采用花坛式洞门隧道入口设计，营造景观感，阶梯式花坛绿色防护效果图及实景图如图 8-20 所示。

a)　　　　　　　　　　　　　　　　b)

图 8-20　阶梯式花坛绿色防护效果图及实景图

8.2.4　绿化林景观

线路绿化林树种选取不同色彩的植物与五大景观分区相呼应，城郊风光段和雪国风光段以常绿树种为主、关塞风光段以色叶树种为主、大泽风光段和燕北风光段以自然乡土树种为主。根据《铁路工程绿色通道建设指南》(铁总建设〔2013〕94号):0～3m路堤排水沟(坡脚)至征地界栽植灌木2排,株行距2×1m,品字形布设。3～6m路堤排水沟(坡脚)至征地界依次栽植灌木1排和乔木1排,灌木株行距2×1m;乔木株距为3m,间种灌木。6m以上路堤排水沟(坡脚)至地界栽植乔木2排,株行距为3×1m。区间路堑堑顶至征地界范围,不管有无天沟,均列植栽植灌木3排,株行距2×1m。考虑到线路两侧有保持水土、不裸露地面的要求,对路基坡脚(堑顶)至征地界和桥下撒播草籽。重点绿化地段采用观赏性灌木、乔木搭配布置,常绿树种不少于绿化总量的50% 沿线绿化配置图如图8-21所示。

a)

b)

图8-21 沿线绿化配置图

8.3 站区景观设计

京张高铁全线共设车站10座,动车所1个,崇礼铁路设太子城站1座,从北京北站到张家口站仅需70min,至崇礼站65min,是奥运重要廊道工程及重要绿色廊道。站区景观设计范围包括站区、场、段、所、工区等的室外用地范围内可绿化区域,其中站区绿化范围为上、下行进站信号机之间的铁路用地范围内可绿化用地。

8.3.1 视觉分析

列车的运行速度影响了乘客对不同路段景色的视觉美感体验,观赏视线有动静之分,一般对景物的观赏是先远后近,先群体后个体,需从园林景观的角度对铁路绿化进行规划和整体设计。以人的视角来看,车厢旅客、车外地面居民和地面公路上汽车里的乘客都可以观赏到铁路沿线的景观,人们可以感受到高铁沿线多种观赏视线的自然环境和人文环境。为满足多层次景深、多种观赏视线、舒适视域的景观空间设计要求,铁路景观设计需结合框景、透景形式,充分考虑列车运行带来的快速流动性,强调观赏的整体性、连贯性。列车在轨道运行时,车内乘客对窗外沿途所见视觉体验来源于列车速度、移动感、景观转换、地形特征、地貌特色等,视线分析示意图如图 8-22 所示。

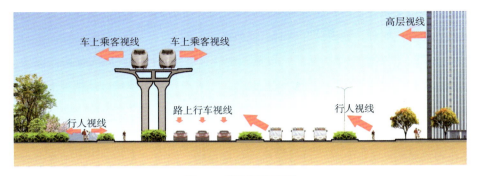

图 8-22　视线分析示意图

车站作为铁路线形链条中的节点空间，不仅是最直观的视觉形态发生点，更是铁路空间上最容易被记忆的场所。根据京张高铁设计时速，站区时速为 80km 以下，其中北京段时速为 45km 以下。站场的优质地形及大面积可绿化范围有利于景观绿化开展。火车在进入城区时会降低速度，旅客的观赏状态由动态景观逐渐变成静态景观，视线也自然由远处转向近处，景观造型应从整体概念设计过渡到具体的细部设计，以增加乘客的视觉美感。因此，对城镇段绿化景观及站场周边景观进行具体设计，不仅有利于缓解游客因长时间高速浏览窗外景观所造成的视觉疲劳，也有助于丰富整个旅途的视觉体验。

8.3.2　景观分区

京张高铁作为奥运工程，是展示国家形象、践行生态文明理念的关键节点，国铁集团提出了"一站一景"的建设要求。车站作为城市门户，因其车流、人流集中及其综合服务功能，车站站区成为了链接城市门户与城市关系的重要纽带，站区景观需塑造城市门户形象，同时连接城市功能。

沿线分为五大系统景观分区，站区根据所处系统景观分区开展景观设计，站区景观设计理念如图 8-23 所示。

图 8-23　站区景观设计理念

城郊风光段：承续传统中华文明，包括北京北站、北京北动车所、清河站、沙河站、昌平站，创造有城市文化特色的铁路景观，强调文化性，充分利用城市、铁路历史个性和文化遗产。种植整齐的有色树种，让铁路穿越时出现色彩的变幻。

关塞风光段：创新生态保护文明，包括八达岭长城站。注重世界文化遗产保护，强调地域和谐，力求将现代设计手法与传统文化相结合，摒弃对传统的模仿，从精神上表达出对历史文化的尊重与再现，减轻生态干扰。

大泽风光段：包括东花园北站、怀来站。协调官厅水库风光及涵养水源功能，种植防洪固沙、净化根系发达的乡土树种，呼应水景观地域风貌，同时最大化减少人工建设带来的水体流失现象。

燕北风光段：包括下花园北站、宣化北站、张家口站。依托晋、京、冀文化交汇地域特点，布置本土特征树种，建立绿网交织、多元和谐的景观风貌，体现塞北地域风貌。

雪国风光段：太子城站依托崇礼自然丘陵地势，以大量的林木整齐排列，增大常绿树种比例，确保冬季景观观赏效果。

8.3.3 空间布局

（1）站场布局

铁路车站站型：从布局紧凑、便于管理及运输灵活等角度考虑，车站应均采用横列式站型，正线与到发线横列式布置；当高、普速铁路共站设置时（如张家口站），宜选择高、普速系统分场设计，便于铁路部门运营管理。

动车运用所布局：充分结合北京市用地及道路规划，从利用铁路夹心地及减少征拆环保设站（所）的角度考虑，清河站在既有位置改扩建，将北京北动车所设置于既有东北环、环清线、京包线围合的三角地中，与清河站纵列布置，体现了铁路融入城市及环保设站的设计理念。

维修工区或保养点根据车站地形等条件，宜采用与车站纵列布置，当受地形、拆迁等因素控制时，可采用其他合理的布置形式。昌平及张家口站维修工区均充分利用既有铁路交叉的夹心地纵列式布置；太子城站受大里程高填方及河道控制，仅能将维修工区横列布置于站房对侧，针对维修工区地段深挖方边坡，加强绿化设计，尽量使铁路边坡与周边自然环境一致。

站区房屋布局：站区、综合维修工区及动车所房屋的总平面布局以满足功能需求、适应地形、节约用地、布置紧凑及节约用地为原则进行布置。站区的房屋一般平行于线路在站房两侧排列布局，宜适当预留远期发展条件，并与当地城市的站区规划紧密结合。各类生产房屋的布置，首先应满足铁路生产工艺要求，同步考虑满足建筑物使用功能和防火间距，再考虑房屋的朝向、节能和环保等要求，进行综合性布置。

站场的总平面布局还应和当地城市的总体规划、站区规划高度结合，站区尽量减少夹心地。铁路旅客流线应与外部市政流线无缝衔接，通站所道路与地方道路紧密结合，保证铁路车站建设服务于社会。

（2）景观布局

站区景观绿化结合建筑功能主要分为站台区、办公区、生活区、生产区、广场区、线间夹心地及路基边坡等区域。

重点设计区域：站台区、广场区、办公区、生活区和线间夹心地及路基边坡等旅客视野范围内的可绿化地段应为重点绿化地段。

一般设计区域：新建段、动车所、货场、存车场、综合维修工区的线间夹心地、路基边坡及生产区等人员活动少的区域等地段按一般绿化地段进行设计。

8.3.4 植物配置

（1）配置原则

一般设计地段绿化宜营造出简洁、大方、舒适的居住环境。一般设计地段绿化应与周边环境相协调，不宜片植小苗，满足安全条件下栽植小乔木、中乔木。以生态园林理论为指导，根据生态场地所处地理位置，做到适地适树，营造出生态绿色的空间。

重点设计地段绿化宜四季有绿，三季有花开，错落有致，需从色彩上对乔、灌、花、草进行有对比、有层次的搭配，以达到较好的视觉效果。重点设计地段生活区有条件时，可设置小游园，应进行专门绿化设计。在旅客上下车所经过的观赏路线中选择最佳视点布置景物，以便增加层次和景深。在设计布局上充分利用美学观念，把不同色泽、质地、高低的植物有机地融合在一起，同时考虑色彩、造型和季相变化的合理配置。在满足安全条件下栽植乔木时，适当片植小苗，其主要用于重要道路绿篱、组团点缀等。

（2）配置方案

①边坡植物配置。

边坡包括路堤边坡及路堑边坡。路堤边坡撒草籽与人工栽植小灌木，路堑边坡喷播植草与栽植小灌木相结合，考虑到京张高铁沿线作为奥运工程的绿色廊道，为达到边坡四季常青的目的，设计时种植适合北方气候的常绿灌木，在边坡上呈线性布局栽植，栽植后进行喷播植草防护。

②坡脚、堑顶到用地界（防护栅栏）植物配置。

站区坡脚、堑顶到用地界主要为山体恢复，采用生态恢复种植方式搭配植被。

③站区场段线间夹心地可绿化时，一般绿化地段应以灌木、地被植物为主，重点绿化地段应适当配置观赏性植物或常绿植物，或以植物组团进行点缀。符合安全要求时，可种植乔木。道路两侧绿化，应充分考虑与周边环境、建筑相协调。铁路围墙外红线范围内可绿化地段应与城市绿化相协调，与围墙四周绿化相衔接。

④站台区绿化应充分利用站台端头及站房侧可绿化铁路用地，但不影响行车安全，不影

响站内交通和室内采光,并与路基边坡绿化协调布置。选用具有体量和质感的植物,或成丛种植花感强、着色率高的观花植被,增加站台区的色彩,加深旅客对站台环境的第一印象。

⑤办公区绿化应坚持以人为本,根据功能区合理配置植物。

⑥生产区绿化应根据车间生产特点,考虑生产运输、安全、维修、管线影响等要求进行植物配置。绿化不应影响车间的采光、通风等。有污染车间周围的绿化应考虑污染物的成分和污染程度,选择抗性树种,遵循"近疏远密"原则。

⑦生活区绿化宜结合建筑布局和原有地形合理植物配置,达到改善生态、美化生活环境,增进员工身心健康的目的。

⑧广场区绿化范围应包括站房前广场及两侧铁路用地范围内的可绿化区。

8.3.5 建筑设计

"一方水土养一方人,一方地域造一方景",站区房屋景观设计需考虑其可见性、美观性及识别性特征,并源于对地域个性的尊重与理解。京张站区房屋景观设计主要体现在房屋立面、围墙等,设计采用不同功能单体院落围合的集成布局方式,通过对老京张铁路的文化元素挖掘,形成新京张高铁全线精神面貌,既是一站一景,又是一线一景,整体造型遵循经济适用,时代特征的原则,车站景观效果图如图 8-24～图 8-35 所示。

图 8-24　东花园北、怀来、下花园北房屋立面效果图

图 8-25　太子城房屋立面效果图

景 观 设 计　CHAPTER 8

a)

b)

图 8-26　清河站西广场景观效果图

a)

b)

c)

图 8-27　八达岭长城站景观效果图及实景照片

155

图 8-28　东花园北站景观效果图

图 8-29　怀来站景观效果图

图 8-30　下花园北站景观效果图

景 观 设 计 | CHAPTER 8

图 8-31 宣化北站景观效果图

图 8-32 张家口站景观效果图

图 8-33 太子城站整体景观效果图

图 8-34　太子城站冰雪景观效果图

图 8-35　太子城站出行景观效果图

8.4　附属景观设计

8.4.1　灯光景观

官厅水库特大桥景观照明设计是"精品工程、智能京张"建设的设计创新工程内容之一。设计结合了京张铁路从历史到未来的定位与意义，秉承"百年京张，龙腾盛世"的设计理念，象征祖国的繁荣富强，也表达了对 2022 年冬奥会顺利举办，中国体育再创辉煌、取得腾飞的美好祝愿，大桥灯光夜景俯视图如图 8-36 所示。

官厅水库特大桥景观照明设计采用传统与现代、光线与造型、速度与激情相结合的设计思路。在此基础上不断推陈创新，提炼文化元素，将桥身结构与中国传统文化相结合，并融入现代高铁的理念，使设计充满时代的厚重感。同时利用变幻的动态、多色彩灯光衬托桥梁的整体造型，将设计理念以照明效果的形式传达给观看者，是中华民族伟大复兴、中国经济飞速发展的最好呈现。

景观设计　**CHAPTER 8**

图 8-36　官厅水库特大桥灯光夜景俯视图

桥梁景观照明共设有神龙戏水、二龙戏珠、五环奥运、烟花璀璨、复兴繁荣等多个有机衔接的动态照明主题，并根据不同区域的灯具点亮情况，设置了一般模式、一般节日模式和重大节日模式三种不同方案模式。通过采用独立的智能照明控制系统，可实现区域控制、模式控制和定时控制。

照明灯具选用 LED 光源灯具，以充分节约能源。为解决桥梁钢结构的振动影响、满足防腐等要求，采用特制防松螺母对桥上的安装件进行固定，并对灯具采取防坠落措施，最大限度地保障行车安全，避免灯光对行车造成干扰。此外，创新性地设计了外置遮光罩，颜色与桥梁本体一致，在白天形成了"见光不见灯"的效果，同时起到限制眩光、提高灯具使用寿命等多种功能。

京张高铁通车后，景观照明系统将在节假日或特定时段开启，形成"桥连山水景如画，虹如巨龙腾天飞"的新景观，以璀璨夺目的特有光和色，照亮百年京张 110 年负重前行的光辉历程，大桥灯光夜景如图 8-37～图 8-39 所示。

a)

b)

图 8-37　五环奥运主题

■159

图 8-38 复兴繁荣主题

图 8-39 烟花璀璨主题

8.4.2 声屏障景观

1）景观设计

按照环评要求，京张高铁声屏障设计除了采用直立式声屏障外，京张高铁北京段设全封闭或半封闭声屏障。京张高铁驶经北京北部海淀区，中关村高新、科研、高等教育院校等各类住宅密集，声屏障的外形、体貌对其两侧景观产生一定的文化效应。全封闭、半封闭式声屏障设施的设计，在满足对线路两侧的建筑尤其住宅区等敏感点的隔声降噪环保功能性要求的同时，需从反映京张精神、宣传冬奥方面上入手，从不同风格与结构形式中对比研究，萃取其精华，声屏障设置段落周边环境如图 8-40 所示。

按此要求，京张高铁声屏障景观设计提出了五种方案："滑雪板"（普通钢结构）、"中国圆"

（普通钢结构）、"冰晶体"（异型钢结构）、"京张砖韵"（钢筋混凝土结构）、"北方民居"（钢筋混凝土结构）。

图 8-40　声屏障设置段落周边环境

（1）"滑雪板"方案

采用钢结构外敷透光吸声板形式，利用外覆式突破模数限制的显著优势，将黄河、冬奥会、一带一路等元素，从里至外、从上至下、多角度、全方位地融入设计理念中，灵动飘逸、沉稳大气。黄河采用浅蓝色，从青山流出，一路蜿蜒前行，奔腾入海，寓意海纳百川，有容乃大，体现大国的包容之心。雪白色丝带飘荡在银灰色的金属板上，恰似滑雪板在雪地上滑翔，声屏障"滑雪板"示意如图 8-41 所示。

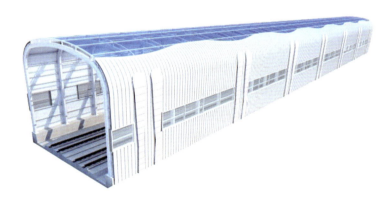

图 8-41　声屏障"滑雪板"示意图

（2）"中国圆"方案

把中国圆元素融入设计中，增加空间内层次和间隔，视觉上别具一格。光影从顶部透过，形成了光与影的对比，疏与密的对比，曲与直的对比，明与暗的对比，使简单的圆创造出多层次的空间，带来不同的空间氛围。同时，圆寓意圆圆满满、团团圆圆吉祥之意，声屏障"中国圆"示意如图 8-42 所示。

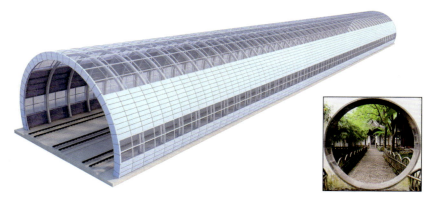

图 8-42 声屏障"中国圆"示意图

（3）"冰晶体"方案

本方案为钢结构外敷透光吸声板方案，创意取自于冰晶体。以冰晶为原型的声屏障设计给人以纯净、通透的感觉，并兼具观赏性和趣味性。侧墙贴近轨道的部分布置非金属吸声板，配合全封闭钢结构、铝板、透明亚克力板，可有效吸收和隔离噪声，声屏障"冰晶体"示意如图 8-43 所示。

a）　　　　　　　　　　　　　　　b）

图 8-43 声屏障"冰晶体"示意图

（4）"京张砖韵"方案

灰砖墙及拱窗的元素提取自老京张铁路清华园车站，增添了怀旧感，象征着对京张铁路精神的继承与发扬。利用屋顶作为绿化空间，种植四季常绿植物，为京张高铁和冬奥会增添一抹绿色，声屏障"京张砖韵"示意如图 8-44 所示。

（5）"北方民居"方案

采用钢筋混凝土排架结构形式，吸取中国北方民居建筑的部分元素，灰墙、灰瓦、花格、花窗具有深远的意境与雅致的格调。花格窗在为内部采光的同时，也为声屏障增添了趣味性和文化气息。侧墙贴近轨道的部分布置非金属吸声板，配合全封闭混凝土结构，可有效吸收和隔离噪声，声屏障"北方民居"示意如图 8-45 所示。

综合工程投资、维护成本、使用耐久性、安全性、美观、文化等因素，将钢筋混凝土结构的"京张砖韵"方案作为推荐方案。"京张砖韵"在传统声屏障的基础上融入了老京张铁路的文化与景观元素。声屏障采用钢筋混凝土框架形式，既便于维护，又符合京张高铁文化景观需求。

景观设计　CHAPTER 8

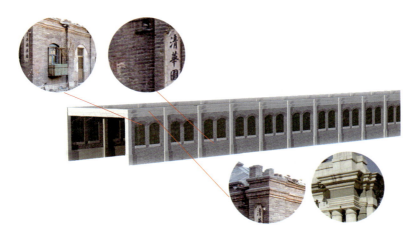

图 8-44　声屏障"京张砖韵"示意图

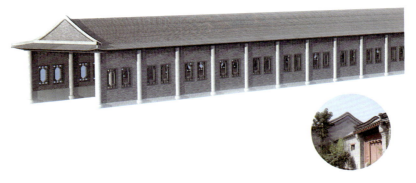

图 8-45　声屏障"北方民居"示意图

在后续深化方案与施工图设计的过程中，综合了各种因素，对方案进行了一些修改优化。如建筑与接触网专业配合，明确限界，在保证限界条件的情况下优化设计，节约成本；再如，进一步简化顶部线脚，增强实用性与安全性，也使整体效果更加简洁大气，声屏障深化立面图及剖面图如图 8-46 所示。

2）构造设计

为了更好地体现老京张铁路的精神与文化，达到更好的景观效果，声屏障墙体做法选择清水砖砌。墙砖选择长城砖作为墙体材料，选择白色灰缝，以更好地衬托、体现砖的特色。

考虑到美观与采光需求，微调了声屏障中窗的尺寸，并使用亚克力固定窗，增强声屏障的稳定性与安全性。对于声屏障内部墙体下方的吸声部分，经比较金属吸声板、纤维吸声板、吸声涂料等材料，最终选用了吸声涂料。吸声涂料自重较轻，相对于板类来说，其更加牢固、不易脱落，对于有列车运行的声屏障来说更加安全，且吸声涂料费用较低，有助于节约成本，提高性价比，声屏障实景图如图 8-47 所示。

▪163

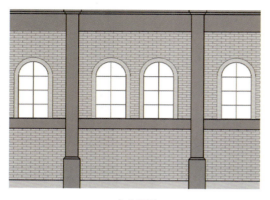

a）立面图

b）剖面图

图 8-46　声屏障深化立面图及剖面图

a）

b）

图 8-47　声屏障实景图

8.5　文化景观设计

8.5.1　定位与主题

京张高铁是我国铁路建设史上第一次明确提出铁路文化、开展京张文化专题研究和进行文化元素凝练并在设计中具体应用的铁路项目。

"人"字形铁路是老京张铁路广为传播、深入人心的文化标识，设计时对"人"字由其形取其意。中国哲学中对人之所以为人的至高理解与追求为天地合德。与天合德：天行健，君子以自强不息。与地合德：地势坤，君子以厚德载物。

新老京张所承载的穿越百年的"中华民族伟大复兴的中国梦"以及线路最具代表性的中华民族文化遗产暨精神图腾——长城，也无一不应和"天地合德"之精神内核。

因此，京张高铁文化展示的核心理念为：天地合德，百年京张。

（1）清河站文化主题——不息

文化解析：清河站是京张高铁主要始发站，老京张铁路诞生之际也是近现代中华民族自我觉醒、自强不息的起点（图8-48）。

图8-48 清河站文化主题——不息

（2）八达岭长城站文化主题——丰碑

文化解析：长城是中华民族自强不息的精神图腾，是中华民族文明史的丰碑。途经长城的老京张线人字形铁路是中国现代工业文明史中闪耀的灵光，老京张铁路是中国铁路建设史中的第一座丰碑，而高铁是当下的中国名片，也是见证新中国工业文明崛起的丰碑（图8-49）。

图8-49 八达岭长城站文化主题——丰碑

（3）太子城站文化主题——无界

文化解析：中国文化讲求"天人合一""天地合德"，讲究"山水画"之于人可行、可望、可游、可居。

人与自然相通、空间与自然相通、人与天地相通、心性与天地相通是中国传统文化的至高追求。

地理之于高铁无界，山水之于人心无界，奥林匹克之于人类无界，"每一个人都应享有从事体育运动的可能性，而不受任何形式的歧视，并体现相互理解、友谊、团结和公平竞争"（奥林匹克精神），共同分享自然资源、文化和精神（图8-50）。

a）

b）

图8-50 太子城站文化主题——无界

（4）张家口站文化主题——纽带

文化解析：张家口被誉为"长城博物馆"，是现有长城所属最多的地区，长城是古代边带发展的纽带，张家口是古代中原和北地汉蒙商贸的纽带，也是当今中国连接京津，沟通晋蒙的纽带；而高铁是中国城镇化发展的纽带（图8-51）。

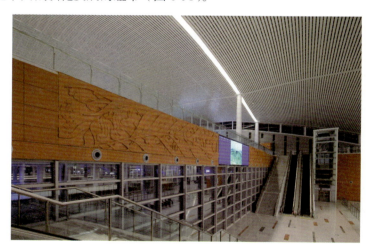

图8-51 张家口站文化主题——纽带

（5）昌平站文化主题——基石

文化解析：昌平自西汉设县，已有2000多年历史，素有"京师之枕"美称；昌平区南口镇是老京张铁路建设和运营初期机务段、机车车辆厂、京张铁路总工程司处、总材料厂所在地。1909年10月2日，京张铁路全线通车运营的剪彩仪式在南口举行。这里可以说是中国铁路建设发展的基点和基石之一。

（6）东花园北站文化主题——春华秋实

文化解析：东花园有中国最大的海棠花种植基地，也以种植葡萄和丰富的水资源而闻名，春日海棠，秋日葡萄，其春华秋实的自然风光清新唯美（图8-52）。

图8-52 东花园北站文化主题——春华秋实

（7）怀来站文化主题——近悦远来

怀来在秦时被称为沮阳；北齐时改为怀戎，有"安抚少数民族，消除敌对"之意；怀来始称于辽，去掉轻视少数民族的"戎"字，换取归顺臣服的"来"字；近悦远来喻义着怀来自古以来为中原与北地少数民族交融发展之地，也喻义着古道、驿站、铁路、高铁的古今交通发展带来的有朋自远方来不亦乐乎。

（8）下花园北站文化主题——欢祥

下花园境内鸡鸣山民俗文化庙会历史悠久，地方特色浓郁，被称为"最具人气的庙会"。庙会是中国传统民俗文化中节庆文化的一种重要形式，也是传统文化和各种民俗文化、民间艺术集合展示的平台，在中国的节庆文化和民俗文化中，欢乐、祥和是表现的核心主题（图8-53）。

图8-53 下花园北站文化主题——欢祥

（9）宣化北站文化主题——古藤新芽

宣化是中国历史文化名城，人称"京西第一府"。宣化葡萄的种植可以上溯到唐朝时期，至今仍延续古时自西域传入的庭院漏斗架式葡萄种植法。中华人民共和国成立后，宣化钢铁厂成为宣化的重要工业支柱,因此,宣化素有"半城葡萄半城钢"的说法。而今一座高铁新城将屹立于古城一侧,古城的发展将随着高铁的建设迎来新生。

(10)北京北站文化主题——通合

"应天以顺时,辨方而正位;乃相乃度,载经载营;贯天河而为一,与瀛海其相通;西接太行,东临碣石,巨野亘其南,居庸控其北;北通朔漠,南极闽越,西跨流沙,东涉溟渤。"历史上,北京先后成为辽陪都、金中都、元大都及明、清国都,这里群英荟萃,闪烁古今,是祖国的名片,是文化交流与融合最核心的地方。北京北站地处北京市二环,是京张高铁的始发终到站,是直达首都中心的交通枢纽(图 8-54)。

图 8-54　北京北站文化主题——通合

以"通合"为文化主题,以京张高铁北京北站为载体,配以京张高铁标志,西直门老站房与新站房,部分老机车与新机车(动车和谐号、复兴号、京张高铁复兴号),铁路桥隧、太阳、祥云、和平鸽、绿水青山等文化元素,通过精致的图案、适当的比例、和谐的色彩、典雅的造型,诠释历史、文化等各个领域的畅通融合。

8.5.2　传承与创新

1909 年建成的老京张铁路打破了列强对我国铁路的垄断,开启了中国铁路建设的新纪元,以著名的"人"字线(又称"之"字线)实现了创新,挺起了当时民族的脊梁;100 多年后的今天,京张高铁将老京张铁路融入其中,在绿色、智能方向,迈出了崭新的一步,将为北京冬奥会的成功举办提供有力保障,同时,京张高铁将"人"字发展为"大"字,预示着伟大祖国必将更加强大、繁荣昌盛(图 8-55、图 8-56)。

京张高铁为北京枢纽保留了老京张铁路,充分体现了绿色、共享的发展理念。

清河站利用老站房作为文化展示以及新老京张对话的场所。清河老站房建于 1905 年,为三等站,具有重要的历史价值。新建清河站的选址无法避开老清河站站房,需要在原位新建车站,本着对历史的尊重,也为了有效地保护清河老站房,设计采用了不拆除一砖一瓦的整体平移技术,将老站房平移至永久存放地进行修缮保护(图8-57)。

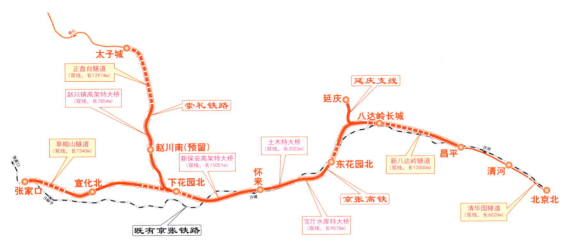

图8-55 京张高铁、老京张铁路融为一体

图8-56 从"人"字到"大"字的发展历程

清河站室外保留老京张时期的铁轨作为早期工业文物遗存,与新京张高铁交相辉映,跨越百年同站同框。老站房的存在代表了老京张文化不息,它是铁路人的精神寄托。设计中以还原老京张时期真实情境为表现主题,以图片布置为主,情景式介入设计,再现老京张清河站的原貌。建成后,新、老站房相互呼应,共同见证铁路发展的百年沧桑。

图8-57 清河老站房移址后全貌保护

CHAPTER 9

>>>> 第 9 章

环保设计
ENVIRONMENTAL PROTECTION DESIGN

除环保选线外,铁路环保设计内容主要包括噪声防治措施设计、固废治理措施设计,同时对振动、大气、水环境等影响提出设计要求。

京张高铁沿线通过城市居住区、学校、科研机构等密集区域,为降低铁路对周边环境的影响,遵循安全可靠、经济合理、景观美化的原则,城区段线路主要以隧道通过,结合周边条件合理选用标准、无缝线路、绿化林带、直立式声屏障、全封闭声屏障、半封闭声屏障、功能置换和隔声窗等工程措施和先进技术,进行降噪减振设计,协调环境保护与经济建设和社会发展,构建先进可靠、舒适经济、高速高效和绿色环保的高速铁路。

城区地段结合实际,部分采用封闭式声屏障技术。封闭式声屏障需大跨度跨越多条线路,并要在满足降噪要求的前提下兼顾安全、运营维护及城市景观效果,经实际考察和多次研究,最终决定采用结构体式封闭式声屏障;声屏障采用钢筋混凝土结构,坚固耐久,经济环保,可利用其立面绘出及做出不同的造型,满足和城市景观交相呼应的要求,降噪与美观相结合成为京张高铁环保设计一大亮点。

9.1 声、振动环境保护设计

9.1.1 设计原则

①噪声、振动影响治理措施按照各阶段审查意见、环境影响报告书及批复意见中的治理原则进行。铁路噪声影响超标时:对沿线距离铁路较近的集中居民区、学校、医院等敏感点,采取设置声屏障降噪措施;对沿线零星、分散的居住点,根据建筑结构质量情况,采取隔声窗等降噪措施。

②根据线路与敏感点的高差和距离情况,合理确定声屏障高度。京张高铁声屏障设计包括直立式、半封闭式和全封闭式三种形式。全封闭或者半封闭声屏障措施用于北京城区高层集中居民区地,其他地段采用直立式声屏障。城区地段和桥梁地段直立声屏障采用金属插板式结构,其他路基地段采用非金属插板式结构,声屏障高于列车车窗时,在车窗范围内增加通透材料。

③声屏障材料应具有良好的耐候性,具有低容重、防腐蚀、抗融冻、抗老化、防冲击、防潮(水)防火、防眩目的功能。隔声窗的隔声量不小于25dB。

④为了降低列车振动源强度、减轻列车运行振动对居民的影响,对埋深较浅的环境振动敏感目标,结合国内外的使用经验,采用减振无砟轨道。

9.1.2 系统方案

(1)噪声治理

京张高铁、崇礼铁路噪声治理设计主要依据已批复的环境影响报告书、环评批复及相关审查意见的噪声防护要求，对沿线学校和集中居民区等敏感建筑物采取声屏障、隔声窗等降噪措施。

①根据环境影响报告书及批复，铁路边界执行《铁路边界噪声限值及其测量方法》（修改方案）（GB 12525—1990），既有铁路边界（距离既有铁路外轨中心线30m处）执行昼间70dBA、夜间70dBA，新建地段距离拟建铁路外轨中心线30m处执行昼间70dBA、夜间60dBA。根据《声环境质量标准》（GB 3096—2008），北京区段桥梁线路50m内、路堤区段55m内，河北段65m以内，执行4b类区昼间70dBA、夜间60dBA标准；北京区段天兆家园等45处敏感点（桥梁线路50m外，路堤区段55m外）执行1类区昼间55dBA、夜间45dBA标准；北京区段上地佳园、智学苑等13处敏感点（桥梁线路50m外，路堤区段55m外），河北段65m外，执行区划2类区昼间60dBA、夜间50dBA标准。根据《关于公路、铁路（含轻轨）等建设项目环境影响评价中噪声有关问题的通知》（环发〔2003〕94号），位于1类区以外的学校、医院等特殊敏感建筑物室外（无住校生的学校、无住院部的医院不控制夜间噪声），执行昼间60dBA、夜间50dBA标准。

②城镇建成区路段：对于新开廊道路段，声环境质量现状超标路段，在背景噪声不变的情况下，以"控制增量1dB以内"为治理目标。声环境质量现状达标路段，以功能区达标为治理目标。对于非新开廊道，声环境质量现状超标路段，在背景噪声（含既有铁路）不变的情况下，通过对既有铁路一并治理，以声环境质量维持或好于现状为治理目标。非城镇建成区路段：对超标的敏感点，根据其规模采取声屏障、隔声窗防护措施。

③北京段五环内限速80km/h。全线30m以内敏感点纳入工程拆迁。

④具体在军政家属区、清华志清中学等22处敏感点设置5m高路堤吸声式声屏障，其中与北京地铁13号线并行段设置双侧吸声式声屏障；在龙兴园小区、北京市工贸技师学院沙河校区等41处敏感点设置3m高单侧吸声式声屏障；在清华大学汽车研究院、清华大学学生公寓2处敏感点设全封闭声屏障；在智学苑、领袖新硅谷、保利罗兰香谷3处敏感点设半封闭声屏障；在西半壁店等23处敏感点设置隔声窗措施。设计中共设置直立式声屏障46804延米（合189810m²），其中桥梁声屏障18430延米（合58515m²）、路基声屏障28974延米（合133185m²），全封闭式声屏障830延米，半封闭式声屏障1600延米，全线预留隔声窗面积15000m²。对工程沿线尚未实施的城市规划居住区路段，预留声屏障安装条件和资金，根据运营期实际监测结果，增补完善隔声降噪措施。

⑤直立式声屏障设计从自然、简约方面与桥墩墩体混凝土、路基防护整体色调保持一致，采用中间通透亚克力板，两侧金属板材自然色，直立式声屏障如图9-1所示。

⑥京张高铁全封闭、半封闭式声屏障采用钢筋混凝土结构，内部墙体涂饰吸声涂料，以保证声屏障的吸声效果。在此基础上，融入老京张铁路的文化与景观元素。民国风格的灰砖墙及拱窗元素提取自老京张铁路清华园车站，增添了怀旧感与历史的厚重感，象征着对京张铁路

精神的继承与发扬；拱形窗在为内部提供采光的同时，增加了乘客的观赏乐趣，也为外部视角的观感增加了通透性；线脚样式融入了老京张铁路清华园车站与清华园牌坊西洋风格的元素，为声屏障增添了文化气息。如图9-2所示。

a) b)

图9-1 直立式声屏障

图9-2 老京张铁路元素声屏障

京张高铁DK24+841.500里程西二旗南路为既有两孔钢筋混凝土框构桥（每孔14m），经核算无法承担混凝土声屏障结构荷载，按照传统做法需要切除部分既有桥，做双层框架伸至桥底，施工工艺复杂、工期较长且造价较高。

经过方案比选优化，通过采用大跨（33m）钢筋混凝土圆形拱巧妙托转上层声屏障结构（图9-3），使声屏障结构完全跨过既有桥梁。通过合理的结构设计，利用简洁的结构实现了使用功能，避免了拆除既有结构给环境、周围交通和工期带来的不利影响，同时声屏障与周围景观完美结合，体现了"绿色京张、智能京张"的设计理念。

a) b)

图9-3 大跨钢筋混凝土圆形拱实景图

⑦施工期要求工程指挥部和项目部根据管段工程特点和环境特征，制订完善的环境保护计划和管理办法等规章制度。根据场地布置情况估算场界噪声，遵循文明施工管理要求，在沿线邻近居民密集区的施工场地四周设 3m 高施工围挡，明确施工工艺、施工工序、环境管理措施、防治责任范围等。农村地带施工场地较易选择，在布置噪声较大的机械如发电机、空压机等时，应尽量布置在偏僻处，并远离居民区、学校、幼儿园等敏感点。城镇地带施工场地应尽量结合既有道路设置，避免进入集中居住区，远离学校医院等特殊声环境敏感点。

（2）振动治理

新八达岭隧道下穿程家窑段居民住宅区段埋深为 20～25m，与线路最近距离为 32m。通过计算，当动车组以 250km/h 通过时，对于埋深 20m、距离线路 32m 的敏感点，地面 Z 振级为 75.3dB。为了降低列车振动源强度、减轻列车运行振动对居民的影响，结合国内外的使用经验对程家窑村环境振动敏感目标，采用 CRTS Ⅰ 型双块式减振无砟轨道，并在运营期进行跟踪监测（图 9-4）。线路运营后应及时修磨轨面和对轨道变形的维护，保证钢轨表面的平整光滑，以保证其良好的运行状态，减少附加振动。

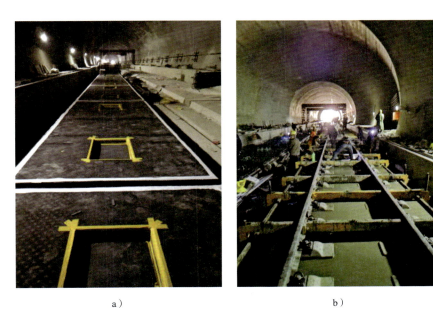

a) b)

图 9-4 新八达岭隧道内铺设的减振型 CRTS Ⅰ 型双块式无砟轨道

9.2 水环境保护设计

北京市范围内分布的主要河流均属北运河水系，包括小转河、万泉河、清河、南沙河、北沙河、京密引水渠、中直渠、幸福河、邓庄河、旧县河、虎峪沟。张家口市范围内分布的河流主要有永定河（官厅水库）、西沙河、东沙河、洋河、大泡沙河、小泡沙河、柳川河、清水河、城东河、城西河等，均属永定河水系。京张高铁涉及的敏感河流主要为京密引水渠和官厅水库，其中京密引水渠于1985年被列为一级水源保护区，水质分类为Ⅱ类；官厅水库目前作为北京市应急备用水源，目标水质为Ⅲ类。涉及的地下水环境敏感目标主要为2处地下水饮用水水源地保护区和1处工业备用水源地，分别为怀来县朱官屯地下饮用水水源保护区、宣化区样台地下饮用水源保护区及张家口市吉家房地下工业备用水源地。

9.2.1 设计原则

施工期的含油污水经隔油池处理、含泥沙污水经沉淀后排放；对沿线车站生产、生活废水的处理，本着统一规划、合理布局、集中排放的原则，首先考虑纳入既有市政排水系统，其次结合污水直接受纳水体的功能区划和当地执行的污染物排放标准，合理确定污水处理工艺。对于在水源保护区内的车站，不得在保护区内排污。对保护区内的隧道施工废水进行处理时，须满足现行《污水综合排放标准》（GB 8978—1996）一级标准及《水污染物综合排放标准》（DB11/307—2013）排入地表水体B排放限值要求。

9.2.2 系统方案

客运专线采用的动车组为封闭式车厢，沿途不排放污水。全线各车站有条件接入市政污水管网的污水，经化粪池、调节沉淀池等处理后，均应就近进入市政污水管网；无条件接入市政污水管网的污水，采用化粪池、隔油池及地埋式一体化处理，达标后排放，且预留接入市政污水管网的条件。

施工期间要求施工单位不得在水源保护区（含陆域）内设置取弃土场、施工场地、生活营地等临时设施。隧道和桥梁施工生产废水经沉淀池处理后应尽量回用。桥墩施工设置围堰，将围堰内产生的泥浆运至施工场地，经沉淀处理后使泥浆与出渣分离。

新八达岭隧道、南口隧道、西黄庄隧道、祁家庄隧道、草帽山隧道出入口处设置沉淀、气浮装置，用以对隧道施工废水进行处理，并设置蓄水池，储存分流排放清水，作为工程施工用水。隧道段施工废水经过沉淀、气浮处理，须满足现行《污水综合排放标准》（GB 8978—1996）一级标准及《水污染物综合排放标准》（DB11/307—2013）排入地表水体B排放限值要求。

京密引水渠与京张高铁相交处是一处倒虹吸，京密引水渠自身水体不与京张高铁发生接触，为了保护京密引水渠倒虹吸的结构安全，京张高铁在京密引水渠上方设置了防护钢架。

京张高铁跨官厅水库饮用水源保护区一级区桥梁桥面采取全封闭设计，设置纵向排水管将桥面雨水引入桥梁两段，排入专门设置的、与库水完全隔离的沉淀蒸发池中，防止桥面排水直接排入水库（图9-5）。官厅水库设置桥梁钻孔桩废水深度处理设备。

环保设计 CHAPTER 9

a)

b)

图 9-5　官厅水库特大桥集水槽及蒸发池

9.3　大气环境保护设计

9.3.1　设计原则

施工期，采取洒水和加盖篷布的方式降低扬尘的产生，对施工机械进行定期检修，确保尾气达标排放；运营期，沿线各站采暖设备选择清洁能源。

9.3.2　系统方案

京张高铁为电气化铁路，不会对沿线空气环境质量产生影响，原市郊铁路 S2 线内燃动车组改为电力动车组，以改善大气环境质量。线路沿途各车站均采用清洁能源采暖，设计优先接入市政热源，无法接入的采用二氧化碳空气源热泵辅助电采暖方式。

八达岭长城站设计中，装修选用符合国家标准的环保型材料，并要求在运营期适当加大通风量和通风时间；在风亭通风道内贴瓷砖或粉刷抗菌涂料，以防止细菌滋长；对风亭进行绿化覆盖，以消除风亭异味的影响。

施工现场采取覆盖、固化、绿化、洒水等有效措施，做到不泥泞、不扬尘。遇到四级或四级以上大风天气，应停止土方作业，同时作业处覆以防尘网。施工现场出口处设置冲洗车辆设施，施工车辆经除泥、冲洗后方能驶出工地，不得带泥上路行驶；车辆清洗处应当配套设置排水、泥浆沉淀设施；设计中优先使用商品混凝土，施工现场设置搅拌机的机棚必须封闭，并配备有效的降尘、防尘装置。

9.4　固体废物环境保护设计

9.4.1　设计原则

旅客列车垃圾和站段职工生活垃圾按定点排放、集中处理的原则，统一收集后交由地方环卫部门处理。京张高铁在北京北动车运用所及张家口南站增设垃圾储运站一座，清河站增设垃圾气力输运系统。

9.4.2 系统方案

京张高铁共建设车站10座，其中北京北站利用既有车站固废系统；清河站、动车运用所、张家口南站考虑各设置垃圾转运楼或垃圾气力输送系统；其他车站垃圾统一收集后，一并交由地方环卫部门处理。

北京北站为既有车站，京张高铁建成后，纳入既有固废系统处理。

动车运用所及张家口南站，车站规模较大，列车卸放垃圾较多，设计中考虑增设垃圾储运站一座；清河站始发车辆较多，列车卸放垃圾较多，设计中考虑增设垃圾气力输送系统，用于储存车站产生的垃圾，最终固体废物由地方环卫部门统一处理。

沿线其他车站规模相对较小，车站垃圾产生量较小，不考虑增设垃圾转运站，收集后交由地方环卫部门统一处理。

9.4.3 清河站密闭式垃圾气力输送系统

作为"精品工程、智能京张"的内容之一，建设快速、高效、清洁的密闭式垃圾气力输送系统，创立铁路车站垃圾收集环保新模式。

为响应国家垃圾分类政策，清河站密闭式垃圾气力输送系统设置分类垃圾输送模式。为适应车站垃圾集中投放量大的特点及车站整体设计，系统采用连续投放运行模式。清河站密闭式垃圾气力输送系统含垃圾投放单元、输送管道及垃圾中央收集站，可全面覆盖清河站候车室及站台垃圾的输运。垃圾中央收集站设置于小营西路和站东街交汇处，选址临近公路且远离车站，垃圾转运车出入方便，且不会对车站旅客出入交通产生影响。

清河站密闭式垃圾气力输送系统将垃圾转运过程从地上转至地下，垃圾流密封、隐蔽，与人流完全隔离，高效快捷，清洁环保，社会效益显著。

1）设计理念

设计之初，进行了大量文献调研及现场调研，走访了通州新城、天津生态城、解放军总医院等生活垃圾气力输送系统，深入了解了系统运行状态、存在的问题及优化方向。并配合中国铁道科学研究院集团有限公司建立了1∶1模拟试验线，试验线按照清河站最不利点弯头个数设置弯头数量，对系统的功能、沿程压损、输送速度等进行了系列测试，对系统关键部件参数进行了针对性设计及优化验证，保证清河站系统设计满足使用要求。

（1）分类投放，分别收集

在垃圾投放口控制面板设置分类垃圾输送模式切换钮（可回收、不可回收），在进行投放作业时，将模式切换至所投放垃圾的对应类别，输送管道末端设置的管道换向阀切换至对应类别的垃圾气固分离器内,进入对应类别垃圾集装箱,即分类投放、分别收集,无须再进行末端垃圾分拣,可保证垃圾中央收集站卫生清洁。

(2)管道集中布设,节省占地

系统管网约1100m,分别架设于站房夹层、站台室外管涵、过轨管涵及地埋。站房夹层及管涵管道与其他管道集中架设,在保证管道安装条件的前提下,不单独设置管涵,从而节省占地面积和投资。

(3)垃圾站与真空中心合建

垃圾站及真空中心均有转运车出入,为保障两个建筑的使用功能,结合建筑设计、功能实现、选址、投资等方面,进行多方案比选,确定将两者合建,既能满足两者使用功能、保证转运车出入条件,又可节省占地面积和投资。

(4)车站融为一体

垃圾投放口的布置及输送管道的敷设与车站和谐一致、融为一体。

系统布设垃圾投放口10个,可分别覆盖候车室(4个)、站台(4个)、综合附属楼A座(1个)以及中央收集站(1个)。候车室垃圾投放口布置于候车室四角的垃圾投放房间内,仅保洁人员可入内并负责投放,将垃圾投放与旅客视觉隔开。站台垃圾投放口设置在站台端部位置,外观颜色风格等与周边站台环境和谐统一,且由专人负责投放垃圾。

系统管道全部采用暗敷形式,分别架设于夹层、管涵以及地埋,不影响车站布局及美观。

2)新技术

(1)密闭式垃圾气力输送技术首次在高铁站使用

密闭式垃圾气力输送技术利用气力主机形成的高速气流,通过密闭管道输送垃圾,将垃圾转运过程从地上转至地下,完全密封、隐蔽,清洁卫生,垃圾在管道中以70km/h左右速度输送至垃圾中央收集站,快速高效,显著提高输送效率,降低垃圾输运劳动强度,密闭式垃圾气力输送系统技术架构如图9-6所示。

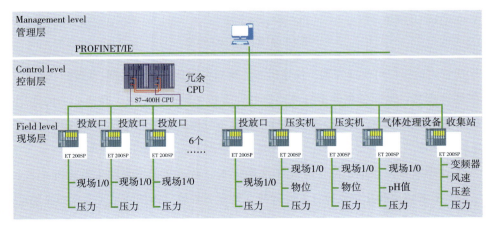

图9-6 密闭式垃圾气力输送系统技术架构

（2）利用 BIM 技术布置输送管道

由于密闭式垃圾气力输送系统为设计变更项目，垃圾管道的布置后于其他管道，为防止输送管道与其他管道及结构梁等布置冲突，采用 BIM 技术，对管道的走向及标高进行了设计，优选出最佳管道走向。

（3）闭环控制、动态调节、热备冗余

收集系统关键参数，并分节点统计、建立数据处理字典；采用闭环控制技术，通过比例、积分、微分（PID）调节系统动力设备，提供满足系统要求的动力，并将系统能耗控制在较低水平。

对系统数据进行分析，建立数学模型，设定系统预警阈值，实现系统预警及报警，保证系统可靠运行。

两套控制器热备运行，主从控制器毫秒级切换。

3）新设备

①垃圾投放口采用不锈钢材质，箱体外壳喷涂纳米涂料，不易滞留污物，易清洁。控制面板可显示系统作业状态、选择运行模式。采用安全防护措施，专人持卡或密码开启，保障安全，垃圾投放口及补气口如图 9-7 所示。

a）垃圾投放口效果图　　b）补气口效果图　　c）实景图

图 9-7　垃圾投放口及补气口

②输送管道检修口可快速安装、快速拆卸，窗口可视化，便于观察、维修。

③气固分离器：气固分离器由分离器组件和旋转格栅组件组成，在离心力的作用下，气流中质量和体积较大的固体物在分离器组件中得到了分离，质量和体积较小的固体随上升气流升至高速旋转格栅进而被二次分离。气固分离器效果图及实景图如图 9-8 所示。

④气体处理装置采用湿法除尘+化学洗涤技术，通过文丘里管除尘器去除小粒径颗粒，通过化学洗涤塔的传质和化学反应，去除异味，处理后排放气体须满足《大气污染物综合排放标准》（DB11/501—2017），气体处理装置如图 9-9 所示。

环保设计 CHAPTER 9

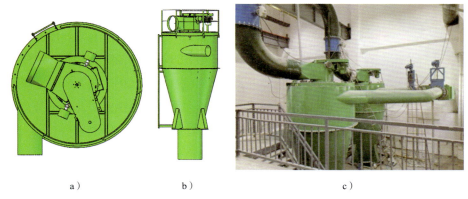

图 9-8　气固分离器效果图及实景图

图 9-9　气体处理装置

9.5　文物保护设计

京张高铁涉及文物保护单位分别有清河汉城遗址（市级）、八达岭长城（国家级、世界文化遗产）、水关长城（市级）、老京张铁路南口段至八达岭段（含青龙桥车站、詹天佑铜像及碑亭、詹天佑墓）（国家级）、养鹅池遗址（区级）、大浮坨烽火台、宣化区与崇礼、赤城交界地区长城及烽火台等文物保护单位。

（1）清河汉城遗址

清河汉城遗址位于海淀区东升乡朱房村，属于北京市市级文物保护单位，战国至汉代时期遗址。城平面呈正方形，东邻朱房村，南邻清河，南北向，边长约500m，周长约2000m，城垣保存完整的仅西南角，由西南角向北断续保留115m左右，由西南角向东一线完整保存

图 9-10　清河汉城遗址

150m 左右，如图 9-10 所示。

清河汉城遗址保护范围为清河汉城遗址城墙。Ⅰ类建设控制地带：东至京包快速路规划道路西红线，南至距清河汉城遗址现状城墙南 105m 处，西至京包铁路，北至上地南路规划道路南红线。

京张高铁以路基形式紧邻清河汉城遗址Ⅰ类建设控制地带，距遗址保护范围约 100m，运营期预测振速小于限值要求。设计要求施工过程中，采取减少振动的方式施工，最大限度地减少对长城遗存的影响，对于无法避免的振动作业，采用低振设备；提前对施工车辆行走路线进行规划，尽量远离保护范围。

（2）八达岭长城及水关长城

八达岭长城和水关长城是世界文化遗产长城的重要组成部分（图 9-11），也是国家级重点保护文物，位于北京延庆南部，在北京城区西北方向，距市中心 75km。八达岭长城是我国古代伟大的防御工程万里长城的一部分，建于明代弘治十八年（1505 年），明嘉靖、万历年间曾加以修葺。该段长城地势险峻，居高临下，是明代重要的军事关隘和首都北京的重要屏障。万里长城—八达岭保护范围包括八达岭长城北关锁钥关城内及詹天佑墓及铜像。

a）八达岭长城

b）水关长城

图 9-11　长城实景图

线路以隧道形式穿越水关长城及万里长城—八达岭Ⅰ类、Ⅱ类、Ⅴ类建设控制地带和规划绿地。设计根据《古建筑防工业振动技术规范》（GB/T 50452—2008）进行的理论和仿真计算均表明，拟建工程振动水平低于既有京包线，京张高铁工程引起的振动速度远小于容许标准，不会对长城结构的主体安全带来影响。

为确保长城安全，设计对新八达岭隧道穿越水关长城、八达岭长城文物保护范围采用 CRTS Ⅰ型双块式减振无砟轨道，并进行跟踪监测。

对隧道出入口、九仙庙中桥、斜井洞口等地面出露工程进行专业景观设计,确保与周边环境相协调。结合规划,在满足工程要求基础上,尽量降低八达岭长城站地面站房和车站风亭的高度与体量。

施工期新八达岭隧道施工优先选择非爆破施工方法,要求按照《爆破安全规程》(GB 6722—2014),严格控制用药量,减小对长城文物的震动影响。设计中对下穿长城段采用精准微损伤爆破技术最大限度地保护长城。

(3)老京张铁路南口段至八达岭段

既有京张铁路南口段至八达岭段位于北京市昌平区南口至延庆区八达岭,1905年9月开工修建,于1909年建成通车。青龙桥车站(图9-12)是全线目前保护最好的一座百年车站,2013年3月被国务院确定为全国重点文物保护单位。

a)　　　　　　　　　　　　　　　　　　　b)

图9-12　詹天佑墓及青龙桥车站

京张高铁线路方案以隧道形式从南口到八达岭并行既有京张铁路,并在DK66+400处下穿人字形铁路,并行段最近水平距离440m,高差40m;下穿人字形铁路处与既有京张铁路轨面高差13m,最小洞顶覆土厚度仅为4m。

根据《古建筑防工业振动技术规范》(GB/T 50452—2008)进行的理论计算表明,拟建工程振动水平低于容许标准,不会对文物结构的主体安全带来影响。

为减小影响,制订有针对性的施工方案,采用暗挖法施工,采取精确计算并控制爆破用药,运用提前注浆、搭建管棚、隧道内加固、既有车站内钢轨加固等方法保证施工安全。

青龙桥车站文物保护范围采用CRTS Ⅰ型双块式减振无砟轨道,并进行跟踪监测。

对穿越老京张铁路南口至八达岭段的隧道开挖爆破进行严格控制,爆破施工过程中全程实时监测穿越处老京张铁路南口至八达岭段线路及车站结构的振动速度水平,在隧道内结合围岩变形监测安装爆破监测仪。一方面将围岩变形控制在标准允许范围之内;另一方面监测隧道内爆破情况,实现隧道内和地面的同步监测,以确保长城结构的安全。穿越老京张铁路南口至八达岭段由于埋深较浅,为防止施工过程中产生的沉降对老京张铁路造成破坏,施工过程中,对该区段的沉降也要进行监测。

（4）养鹅池遗址（区级）

养鹅池遗址为辽代萧太后的行宫，行宫中有一处泉水，原叫影娥池，后传为养鹅池。与旧志所载"在州城西南二十里"相符，是辽代古遗址，位于康庄镇，现为县级文物保护单位。遗址保护范围东西长 300m，南北宽 200m，其中殿宇遗址东西长 50m，南北宽 60m。

京张高铁工程对养鹅池遗址产生的影响主要为遗址范围内设置的 6 个桥墩，运营期影响程度类比其他线路实测数据；桥梁地面水平振动速度小于振动限值，对养鹅池遗址无明显影响。

（5）清河老站房

清河老站房为地上一层砖混木结构，总建筑面积为 336m^2（图 9-13）。设计采用异地搬迁保护及修缮方案，即先将老站房迁移至东广场暂存，后将高铁轨道东侧空地作为永久安置地点，再对屋面的瓦件进行更换、修补及更换大木、加固结构、剔补、锚喷墙体，实施地面改造及门窗更换、补配等修缮工作。

图 9-13 清河老车站

为满足清河新站建设总体规划和文物保护要求，清河站既有老站房需要平移搬迁 183m 至暂存地，之后由暂存地平移 126m 至新址，平移前应先将后砌临建拆除。对历史文物站房结构安全性开展评估，对站房基础、墙体、木屋架、屋面等进行临时加固。采用双夹梁式墙体托换方法，在砌体托换部位穿横向抬梁，即由墙体两侧夹梁和用于拉接两侧夹梁的横向梁组成托换体系。在托换体系下部布设上、下平移轨道和滚轴，将老站房与地基切断，建筑物形成可移动体，然后用牵引设备将其移动到预定位置，清河老站房平移过程如图 9-14 所示。

对老站房进行必要的修缮加固和展示陈列，做到新老建筑的历史对话，保留好老清河站的历史记忆。清河新老站房作为百年京张铁路的见证者，百年京张精神的传承者，将在中国铁路的发展历程中留下属于自己的篇章。

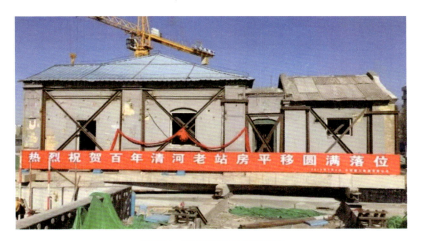

图 9-14 清河老站房平移过程图

（6）沿线长城及烽火台

北京市延庆区八达岭镇大浮坨村内有一座烽火台（图 9-15），烽火台为黏土砌筑，位于延庆下行联络线特大桥和京张高铁正线康庄高架特大桥线位下方。设计单位根据相关文物部门对古烽火台的详细勘界以及相关文物保护法的规定，认真研究了古烽火台的保护方案，确定对古烽火台进行原址保护。京张高铁正线采用 32m+48m+32m 连续梁跨越烽火台，延庆支线下行联络线采用 40m+64m+40m 连续梁跨越烽火台。

图 9-15 大浮坨烽火台

崇礼铁路涉及的长城墙体位于张家口市宣化区与崇礼区、赤城县交界处，均为明代长城；其中小口梁东北侧长城为石砌墙体，双股长城格局，多已坍塌，损毁严重，大多石墙段落呈散落堆积状态；大尖山长城1段和正盘台长城4段为山险长城。烽火台遗迹主要分布于营岔地区、大尖山与正盘台地区长城两侧，工程隧道涉及的转山一号烽火台和营岔二号烽火台均为碎石砌筑，圆形堆积，已经坍塌。转山一号烽火台现状直径大约 13m，残高 4.5m（图 9-16）；营岔二号烽火台现状直径大约 10m，残高 4.5m（图 9-17）。通过评估，工程对长城遗产本体和环境景观的影响较小，工程建设中采取了预先保护加固和监测预警措施。

a） b）

图 9-16　大尖山长城 1 段（天险）及转山一号烽火台保存状况

a） b）

图 9-17　小口梁东北侧长城及营岔二号烽火台保存状况

9.6　环境保护效益分析

9.6.1　环境保护效益分析

京张高铁建成后，将加快旅客运送及周转速度，缩短运达时间，降低运输成本，社会和经济效益显著。

（1）节约能源和减少污染

铁路运输运能大、单位运量能耗小，而公路运输能耗主要为汽油和柴油，不仅单位产品能耗大，而且向环境大量排放 HC、NO_x、SO_2 等有害气体，导致酸雨和空气质量恶化。因此，该铁路项目的建设有利于减少能源消耗，减少环境污染。

（2）改善交通结构、促进区域发展

铁路建成后，将与沿线交通一起构成多层立体公共交通结构，大大缩短沿线各地市的空间距离，增强运能，促进区域发展，减少地区差异。

（3）增加就业机会

修建本线需要大量的人力，从而创造新的就业机会；除直接增加铁路运输就业人数外，还可为沿线地方从事各种第三产业人员增加就业机会，产生效益，也有利于社会安定和经济发展。

（4）减少交通事故

铁路运输安全性高，交通事故较公路运输方式少，因此也减少了因交通事故而引起的经济损失。

为了使铁路运输更有利于国民经济的持续发展，合理开发利用自然资源、保护环境，对生态环境、水环境采取了一系列有效的保护措施，对噪声和振动污染采取了控制和局部治理等措施。

从环境经济角度出发，京张高铁的建设对周围地区环境质量有一定程度的影响，但针对不同污染要素采取了相应的环境保护措施，需要一定的投入，但相对于工程建设带来的社会效益以及工程的投资来讲，付出的成本较低。京张高铁的环保投资与基建投资的比例是合理的，经济效益是显著的。

9.6.2 水土保持效益分析

京张高铁新增的水土流失影响基本呈线性分布特征，纵向影响范围较广。在严格执行和落实水保报告提出的水土保持措施后，各项防治指标均达标。

对取弃土场、施工便道、临时施工场地采取绿化措施后，防治责任范围内林草覆盖率达到63.65%，植被恢复系数达到95.35%，基本达到原地表植被所具有的水土保持效益。

京张高铁的水土流失影响指数低于水土保持监测中心调查统计的铁路项目的平均值（0.3000），北京段处于平原区，取弃土方量较小，河北段虽处于山岳地区，但弃土、弃渣量等相对较小，对地表的扰动影响小。

京张高铁的建设虽会占用土地、破坏植被、影响景观、增加水土流失，但水土保持措施实施后，综合效益凸显，主要体现在地面土壤侵蚀量和产沙量的减少、环境质量的改善和沿线人民生活水平的提高等方面。

CHAPTER 10
>>>> 第 10 章

节能减排设计
ENERGY SAVING AND EMISSION REDUCTION DESIGN

京张高铁绿色设计与技术

节约能源是指加强用能管理，采取技术上可行、经济上合理以及环境和社会可以承受的措施，从能源生产到消费的各个环节，降低消耗、减少损失和污染物排放，制止浪费，有效、合理地利用能源。节约能源是我国的基本国策，国家实施节约与开发并举、把节约放在首位的能源发展战略。

党的十九大报告在"推进绿色发展"中提出"构建清洁低碳、安全高效的能源体系……降低能耗、物耗……开展绿色出行"。铁路作为大容量交通方式，在节能减排方面具有天然的优势：在货物运输中，若将铁路运输所占比例增加1%，公路运输所占比例减少1%，可降低能源消耗1.2%；而水路运输比例每增加1%，同时公路运输比例减少1%，可节约能源消耗1.1%。在旅客运输中，铁路运输比例每增加1%，同时公路非营运城际运输比例减少1%，可减少能源消耗1.5%左右；而铁路运输比例每增加1%，同时航空运输比例减少1%，可减少能源消耗1.2%。因此，无论是综合交通运输体系建设，还是绿色出行方式构建，均应提高铁路建设比例，尤其是电气化铁路在交通运输结构中的比例，充分发挥其高效、低碳和绿色的特点，在生态文明体制改革和美丽中国建设中发挥重要的引领作用。

根据重要程度，京张高铁用能设备主要包含牵引动力设备、牵引供电设备等主要用能设备，以及电力、暖通和通信、信号等附属和辅助生产用能设备。复兴号电力动车组、牵引变压器、自耦变压器和接触网等牵引动力设备，主要耗能种类为电力，其能耗比例占总能耗的80%以上。通信、信息、信号和灾害监测系统和设备，道岔融雪设备；各类电力变压器、电力电缆、照明灯具等电力设备；热泵、空调、通风机、生活热水设备等暖通空调设备；综合检测维修和动车组运用、维修设备；水泵、给水设备和水处理设备等给排水设备；自动扶梯、电梯等客运设备，耗能种类为电力、柴油、汽油、热力等，主要耗能设备为暖通空调设备，通信、信号设备，客运机械设备以及照明设备等。

工程设计中通过优化线路方案、站场总平面布置和牵引供电系统、电力系统方案，选用电力牵引，开展绿色铁路站房和建筑节能设计，优选牵引机车及其他动力设备等方式，从源头上降低了项目能源消耗，进一步提高了项目能效水平，充分体现出电气化铁路节能减排优势。如线路方案采用较大的曲线半径和较大坡长、较小的坡度差，减少机车牵引能耗；车站选址结合城市规划和各种交通衔接，总平面布置紧凑，减少站内机车和设备无效走行距离；选用AT供电方式，合理设计牵引供电方案，采用三相V接线变压器；电力变压器靠近负荷中心设置，设置无功补偿，选用节能光源；复兴号动车组通过设计全新的低阻力流线型车头，优化车顶设备安装结构，采用全包式外风挡等措施，实现了车体表面的平顺化，时速350km时复兴号动车总阻力较和谐号降低约12.3%，能耗降低约17%；电力变压器、空调、热泵和通风机等通用设备选用满足相应1级能效的产品，提高了能源利用效率和能效水平。

10.1 供电系统节能技术

10.1.1 技术基础

（1）合理用电

供电设计力求安全可靠、方案合理、技术先进，达到合理用电、有效节能的目的。在保证供电安全的前提下，尽量就近接引外电源；供电系统布局满足铁路重要行车负荷不间断供电要求；根据车站负荷分布合理设计系统方案，优化高、低压电力线缆路径，缩短供电半径；根据负荷大小合理选择变压器安装容量，并满足变压器经济运行要求；合理选用线缆截面面积，在满足用电需求的基础上减少输送损耗。

（2）节能设备选型

电力配电变压器选用国家Ⅰ级能效非晶合金型变压器。

容量大于 160kVA 的站区低压变电所，低压侧设集中补偿装置，减少损耗。

10.1.2 系统方案

（1）配电所及贯通线路供电方案

①北京北动车运用所、八达岭长城站（地下站）、怀来站、下花园北站、张家口站，分别从地方公共电网接引 2 路电源，新建 10kV 配电所为车站（动车运用所）及区间负荷供电。对北京北站、沙河站的 10kV 配电所进行改扩建以满足本线新增负荷供电需求。

②北京北站至张家口站，全线新建一级负荷贯通线和综合负荷贯通线各 1 条，两回贯通线均按全电缆设计，采用单芯电缆，截面采用 YJY63-70mm^2 单芯电缆。延庆支线从八达岭长城站 10kV 配电所至延庆站通信信号变电所，新建 10kV 一级负荷贯通线和综合负荷贯通线各 1 条，两回贯通线均按全电缆设计。

（2）区间负荷供电方案

①区间信号中继站、通信基站、光纤直放站由 10kV 综合负荷贯通线和一级负荷贯通线分别接引一路 10kV 电源，信号中继站设变电所供电、通信基站设箱式变电站供电。

②区间电气化所亭采用电源从 10kV 综合负荷贯通线和一级贯通线分别接引一路 10kV 电源供电。

③区间距离电气化所亭较远的接触网电动隔离开关，充分利用就近为信号、通信设备供电的箱变供电；当远离通信、信号设施时，由 10kV 贯通线接引 10kV 电源，设箱式变电站供电。

④沿线区间设的警务区及治安岗亭，充分利用就近为信号、通信设备供电的箱式变电站来对其进行供电；当远离通信、信号设施时，就近接引地方电源供电。

⑤隧道照明充分利用就近为信号、通信设备供电的箱式变电站来进行供电，当远离为通信、

信号设备供电的箱式变电站时，由 10kV 综合负荷贯通线和一级负荷贯通线接引一路或两路 10kV 电源，设箱式变电站供电。大于 5km 隧道配置的消防给水设备、通风设备、防灾救援系统现场设备，当用电负荷较小，由 10kV 综合负荷贯通线和一级负荷贯通线分别接引一路 10kV 电源，设箱式变电站供电。清华园隧道、新八达岭隧道通风负荷较大，单独接引铁路配电所站馈 10kV 电源供电。

（3）车站、场、段供电方案

①全线各站与信号楼合建的 10/0.4kV 通信信号变电所，从电力一级负荷、综合负荷贯通线路分别接取一路 10kV 电源，为车站的通信、信号一级行车设备负荷供电。

②全线各站新建站房设 10/0.4kV 综合变电所，为站房、雨棚、旅客地道、电梯及站房附近的给水所、生活房屋负荷供电。有配电所的车站从配电所接引两路 10kV 电源，无配电所的车站从地方公共电网接引两路电源。

③昌平站、怀来站、张家口站的综合维修工区，就近从配电所或车站站房综合变电所接引 10kV 电源，设 10/0.4kV 变电所或箱变供电。

④车站咽喉区道岔融雪设备供电，根据融雪控制柜的分布，就近从 10kV 配电所或站房变电所接引一路 10kV 电源，设 10/0.4kV 箱变供电。

⑤北京北动车运用所供电方案。动车运用所检查库，从配电所不同母线段分别接取一路 10kV 电源，设置 10/0.4kV 综合变电所，为检查库及地面电源供电。生活房屋规模较大，设 10/0.4kV 变电所供电。道岔融雪、其他距离变电所较远的负荷点，设箱式变电站供电。

（4）延庆支线供电方案

设 10kV 一级负荷、综合负荷贯通线供电。延庆站通信信号变电所、东红寺线路所及其他区间上的用电负荷由两回贯通线接引 10kV 电源供电。

10.1.3 智能技术应用

1）电力系统智能状态在线监测运维管理系统

（1）设计思路

由于传统的铁路电力供电系统的供电网络模式已经较为成熟可靠，其智能化的建设和发展往往受到忽略，尚未形成系统化、标准化的体系模式。随着铁路的快速发展，负责铁路运维的基层站段对于统一的智能运维管理系统也有着日益迫切的需要。

基于以上原因，京张高铁设置了一套电力系统智能状态在线监测运维管理系统。通过建立统一的智能运维建设标准、一体化共享的运维管理平台，将运维监测子系统进行一体化集成，形成新一代全生命周期的高速铁路电力系统智能状态监测运维管理系统，将铁路电力贯通线路以及沿线变配电所的电力设备全覆盖监测，对铁路的关键电力设施实现智能化在线监测，进行智能化故障提前预报警以及智能化故障的判断和查找，建立全生命周期运维管理体系。

（2）设计重难点、关键技术及创新点

①首次提出铁路电力系统智能运维管理系统的理念。

②各子系统之间实现数据通道共享。

③深度集成的运维平台系统具备设备管理功能。

（3）设计方案

京张高铁电力系统智能状态在线监测运维管理系统包含电缆头光纤测温在线监测子系统、贯通电缆线路故障定位在线监测子系统。通过集成网关，共享通信传输设备，利用铁路运维传输网络通道的方式将各类监测数据送至运维管理平台数据中心进行实时分析，实现了铁路全线电力在线监测、智能化预报警及故障的智能化判断定位，对电力设施建立全生命周期管理体系，为电力调度和运行检修管理提供强有力的辅助决策依据，把铁路电力供电系统运维管理提升到一个智能化的新水平。

京张高铁电力系统智能状态在线监测运维管理系统构成图如图10-1所示。

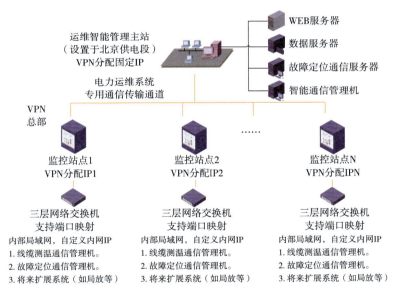

图10-1　电力系统智能状态在线监测运维管理系统

（4）工程效果

本系统设计中，首次提出了铁路电力系统智能运维管理系统的理念；深度集成各子系统运维监测功能，打破了传统的各自独立的信息传输方式，充分利用共享数据交互设计以及铁路互联网地址资源，形成系统化、标准化的体系模式；大大提高铁路电力供电运营维护管理水平，为打造"绿色高铁、智能高铁"助力。

2）隧道智能照明系统

（1）设计思路

隧道设置智能照明监控系统，将隧道照明纳入就近的车站、工区进行监控，实现就地和远程控制，昌平工区隧道照明智能控制及防灾救援监控系统后台如图 10-2 所示。

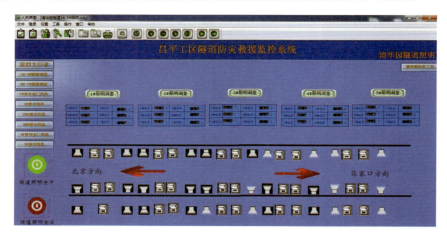

图 10-2　昌平工区隧道照明智能控制及防灾救援监控系统后台

（2）设计重难点、关键技术及创新点

设计重难点、关键技术及创新点包括系统构成、主站设置、通道选择、网络架构等。

（3）设计方案

京张高铁隧道照明设置原则及照度标准为：长度 500m 以上隧道内设置固定检修照明，轨面平均水平照度不小于 3lx；长度 5km 及以上或有紧急出口的隧道内设置应急照明灯、疏散指示标志及安全出口标志灯，并在隧道洞室、紧急出口内应急电话位置相应设置应急电话标志牌，地面最低照度不小于 0.5lx。

隧道照明选择隧道专用灯具，其中，应急照明与固定检修照明共用供电回路和灯具，采用 30W 的 LED 光源，沿隧道壁两侧按间距 25m 交错布置；疏散指示标志灯采用 3W 的 LED 光源，沿隧道壁两侧按间距 25m 交错布置；安全出口标志灯采用 3W 的 LED 光源，设置于长度 5km 以上的隧道的洞口、紧急出口、避难所口等处。隧道内设置隧道智能照明监控系统，采用以下系统设计方案。

①在各隧道综合洞室内按照间隔 1km 设置隧道照明监控单元，各监控单元设置光纤通信接口。各隧道照明监控单元通过光纤形成环形网络，连接至隧道进口或出口最后一个洞室内设置的智能总控箱，经主备光缆连接至就近的通信基站，通过通信专用通道纳入管辖车站消防控制室及车间照明控制室。

②隧道进出口 5m 位置，两侧对称设手动控制按钮，可同时控制整条隧道照明回路启停。当按下按钮时，启动全部隧道照明，再次按下按钮时，关闭全部隧道照明。隧道中间的隧道洞室内设应急控制屏一面，控制隧道内照明的全开全关。

③隧道照明 RTU 监控系统对隧道综合洞室内电源箱、控制箱各供电回路等进行监控。监控量包括遥信、遥测、遥控三方面内容：遥信部分监测直放站回路和隧道照明回路，具体监控隧道照明回路中固定照明回路；遥测主要采集隧道内电源箱和控制箱的母线电压信号以及

隧道照明回路的电流信号；遥控利用继电器控制固定照明回路的开关和紧急启动按钮的开关实现对隧道内固定照明灯具的启停，隧道智能照明监控系统隧道正洞照明如图10-3所示。

图10-3　隧道智能照明监控系统隧道正洞照明

10.2　建筑节能设计

10.2.1　技术基础

高铁站房的环境品质关乎旅客舒适度及身体健康，其能耗水平关乎国家能源节约战略的落实情况。高铁站站房的环境品质与节能主要取决于站房的热湿环境、光环境、声环境、空气品质与建筑能耗等，其中自然通风和自然采光是维持站房环境品质重要的被动式技术。如何在较少的能源消耗水平下，提供高质量的环境健康保障，是高铁站房绿色设计的重点和难点。

10.2.2　系统方案

1）建筑系统

铁路站房作为交通类公共交通建筑，其功能组成与住宅、商业、办公等民用建筑项目有着明显的差别，主要包括进站厅、候车厅、售票厅、出站厅等，有着鲜明的行业特性及特殊性，如空间高、人流量大、运营时间长、能源消耗大等特点。铁路站房也因此在绿色建筑设计方面区别于普通民用建筑，具有独特的绿色建筑设计特色及标准。同时，在铁路客运站的建筑设计中，如何根据建筑使用特征和区域气候特征进行有效的绿色设计，实现建筑的高舒适、低能耗，是需要重点考虑的问题。

京张高铁站房从设计方案上充分考虑高铁站房建筑本身的特殊性和所在气候区的特点，通过下沉广场的设置、形体设计等手法充分利用自然通风和采光，从而达到提高车站的健康舒适度及节约能耗的目的。

清河站和八达岭长城站即通过下沉广场的设置增强地下空间的自然采光和通风，达到良好的使用效果。清河站站房东西两侧通过下挖处理，在周边狭长用地内，形成东西侧下沉广场,将更多的自然光线与景观引入到地下一层换乘大厅,在节能降耗的同时,提升旅客的舒适度;结合台阶坡道设计景观座椅及花池小品等,丰富旅客与车站的互动空间,增强广场环境的趣味性。清河站的下沉广场以绿化景观为主,并结合国铁、地铁交通,疏解、聚集旅客。八达岭长城站设置下沉庭院,一方面为地下车站提供安全疏散出口,另一方面为地下候车厅提供自然采光和通风,通过下沉庭院和顶部光导管的自然光,有效改善地下候车厅的光环境和空间舒适度。京张高铁下沉式广场设计如图10-4所示。

a)

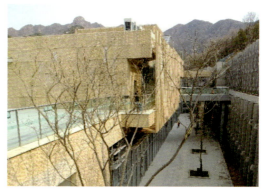
b)

图10-4 京张高铁下沉式广场设计

太子城站则通过站房的造型设计,有效利用自然风提高室内环境品质。建筑充分考虑地区寒冷的气候特点,采用弧线型造型设计,以达到更好节能的效果,太子城站自然通风及保暖设计如图10-5所示。首先,建筑北侧采用整体弧线设计,玻璃幕墙尽量做小,占立面的20%,这样冬季可以更好抵挡北侧的寒风。其次,南侧设置为开窗面,冬季可以将更多的阳光引入室内,在增强自然采光的同时,降低照明的电能耗;另一方面,夏季南侧玻璃天窗开启形成的垂拔效应,可以把室内的热空气带走,达到节约空调能耗的目的。

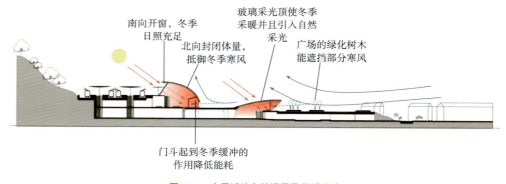

图10-5 太子城站自然通风及保暖设计

2)站房暖通设计

(1)供暖系统设计

京张高铁位于寒冷地区,设集中供暖。清河站、张家口站采用市政热力;其余各站附近均无市政热源，故利用车站周边铁路房屋内设置的空气源热泵机组作为供暖热源，冬季供回水温度为 65℃/40℃。

站房低温地板辐射供暖经过站房换热机房设置的 1 套智能混水机组换热成供回水温度为 50℃/40℃的热水。

各站候车大厅、广厅、VIP 室等设置地板供暖系统。候车室及广厅设热风辅助供暖系统。地板辐射供暖系统的供水温度为 50℃，回水温度为 40℃。采用供回水双管系统，热水由供暖干管分别供给分集水器，然后经过敷设于地下的耐热聚乙烯（PE-RT）管向室内辐射热量，达到供暖效果。当地板辐射供暖达不到室内设计温度时，开启辅助热风空调机组进行空调供暖，根据候车大厅室内温度对空调机组进行启停控制。

旅客服务中心、值班室、售票厅、控制室、运转室及办公区，按功能需求设置散热器供暖。

通信机械室、信号继电器室、电源室、计算机房、信息机房及设备间设置机房专用空调。

大门设电加热空气幕。

（2）空调系统设计

清河站、张家口站采用以磁悬浮离心式冷水机组为主机的中央空调系统。其余各站候车大厅设置直接膨胀式全空气空调系统，室外机设于屋面或室外地面上；办公区、贵宾厅、售票室设置多联变频空调系统来提供冷源，以满足夏季供冷要求，旅客服务预留多联变频空调设置条件。

候车厅设置直接膨胀式全空气空调系统，室外机设于屋面或室外地面上，室内机配热水盘管用以冬季供热。

信息设备间、信号继电器室、综合控制室、通信机械室、信息机房等设备房间采用机房专用空调。

VIP 室、售票厅、办公区设置变频多联空调系统。

旅客服务预留多联变频空调设置条件。

冷凝水管选用硬聚氯乙烯（UPVC）管。

空调、通风风管及管件材料均采用镀锌钢板制作。

空调送回风道采用离心玻璃棉保温，室外或非空调房间内 $\delta=50$mm，空调房间内 $\delta=30$mm。

空调供回水管道、非供暖区域及容易冻结区域的供暖管道均做保温，保温材料采用玻璃棉管壳，厚度 40mm。

（3）通风系统设计

工艺上有通风要求的生产房屋应设置机械通风设施。配电所及电缆间按消除余热来计算通风量。变配电房屋设置温控通风装置。

卫生间按 20 次/h 设置机械通风。

内区房间设置机械通风满足人员最小新风量，通信机械室、信号继电器室及信息机房为气体消防房间，设事故排风，用于灭火后的废气排除。事故通风机应分别在室内外便于操作处设置电器开关。

候车大厅的空调系统在过渡季节可以采用全新风运行模式，通风换气次数为 2 次 /h。

通风风管采用镀锌钢板风管。

（4）防排烟系统设计

车站候车大厅、旅客服务中心及售票厅等房间采用自然排烟措施，均设置可开启的外窗进行自然排烟。

建筑面积大于 300m^2，人经常停留或可燃物较多，且无法布置可开启窗户的房间，依据规范要求，设置机械排烟系统。

穿越防火分区、设有防火门的防火隔墙和楼板处，以及防火分隔变形缝两侧的通风空调系统的风管上，均设置防火阀。

防排烟风管采用镀锌钢板风管。

3）新型高效节能暖通冷热源设备应用

（1）磁悬浮离心式冷水机组

磁悬浮离心式冷水机组是一种技术领先的节能产品，它的核心部件为磁悬浮轴承。它是一种利用磁场，使转子悬浮起来，从而在旋转时不会产生机械接触和机械摩擦的轴承，其不再需要机械轴承以及机械轴承所必需的润滑系统。在制冷压缩机中使用磁悬浮轴承，所有因为润滑油而带来的问题将不复存在。磁悬浮变频离心机一举克服了传统机械轴承式离心机能效受限、噪声大、启动电流大、维护费用高等一系列弊端，是一种更为节能、高效的中央空调产品。

京张高铁清河站、张家口站均采用了磁悬浮离心式冷水机组作为站房冷源，夏季提供 7℃/12℃ 冷冻水。其节能性能远远高于传统冷水机组，为站房绿色建筑的评定提供了强大助力。

以清河站为例，该工程集中空调冷源采用磁悬浮离心式冷水机组配全钢横流冷却塔。站房设置 3 台磁悬浮变频离心式制冷机组，通过台数和变频结合的方式适应部分负荷工况，变频冷水机组的综合部分负荷性能系数（IPLV）高达 10.29，具有优异的节能表现，单台冷水机组性能参数见表 10-1。

单台冷水机组性能参数 表 10-1

设 备 类 型	额定制冷量（kW）	性能参数（W/W）		提 高 幅 度
		实际设备	标准要求	
磁悬浮变频	1934	6.02	5.30	13.6%

（2）超低温二氧化碳空气源热泵机组

复叠式超低温型二氧化碳空气源热泵机组采用高低温制冷剂循环、复叠双级压缩技术，低温循环单元采用二氧化碳作为工质，高温部分采用 R134a 工质。相对于其他常规制冷剂，二氧化碳具有跨临界循环、黏度小、传热性能良好、效率衰减慢的特点。利用二氧化碳这一特性，机组在室外环境温度零下 45℃ 情况下依然能高效运行，低温循环单元蒸发器吸收室外空气的热量，通过冷凝器将热量传递至采用R134a（1，1，1，2-四氟乙烷）作为工质的高温循环单元蒸发器，再利用高温循环单元冷凝器输出温度为65～85℃的热水，用于冬季供暖。

热泵机组具备应急辅热功能，故障情况或极端恶劣环境温度（低于机组适用温度）情况下，应急辅热自动开启，确保供暖系统的正常运行，满足室内人员设备的基本防冻要求。按照设计参数预计，整个供暖季平均能效比可以保持在3.0以上；环境温度为–25℃时，能效比预计能达到2.3以上。机组低温循环单元工质为二氧化碳，是对环境无害的自然工质，可减少温室效应和臭氧层的衰减，与传统的氟利昂系的制冷剂相比，全球变暖潜能值为1，臭氧层破坏系数为0。

京张高铁全线位于寒冷地区，由于环评标准不能采用传统的燃煤锅炉，结合京张高铁全线冬季环境极端温度可达–35～–25℃这一情况，故选择复叠式超低温型二氧化碳空气源热泵机组，作为无市政热力条件的高铁车站（昌平站、八达岭长城站、怀来站、东花园北站）的冬季供暖热源。经过一个供暖季的检验，机组供水温度一般稳定在50～60℃，达到良好的供暖效果。

4）照明系统

照明系统按照《建筑照明设计标准》（GB 50034—2013）和《铁路照明设计规范》（TB 10089—2015）中的照明功率密度值要求设计，以达到节能的目的。

根据不同的使用场合，选择合适的照明光源，在满足照明质量的前提下，尽可能选择高效率LED光源。

在满足眩光限制的条件下，优先选用灯具效率高的灯具以及开启式直接照明灯具，一般室内灯具效率不低于70%，并要求灯具的放射罩具有较高的反射比。

选用的照明光源能效符合相关能效标准要求。

设计时优先选用直接照明，同时考虑指示牌、广告灯箱、显示屏等产生的影响，做到综合利用，提高节能效果。

照明灯具根据建筑使用方式和具体天然采光状况采用分区、分组控制措施。动车组检查库、八达岭长城站等大空间采用智能照明控制系统，以实现照明节能管理与控制。

5）给排水系统

清河站位于北京市海淀区清河街道，承担京包客运专线各次列车的始发终到、经停业务及北京市郊铁路怀柔—密云线（S5线）各次列车的始发终到业务，为北京北城区重要车站。为了缓解北京市雨水径流压力，结合清河站实际情况以及特殊性，对清河站室外雨水系统进行了综合设计，提出基于源头控制和延缓冲击负荷的理念，构建与自然相适应的城镇排水系统，合理利用景观空间和采取相应措施对暴雨径流进行控制，减少城镇面源污染，有效缓解了城市区域不透水面积增加造成的洪峰流量增加、径流系数增大、面源污染负荷加重的问题，对于新建城市车站具有借鉴意义，清河站排水系统设计示意如图10-6所示。

依据北京市《雨水控制与利用工程设计规范》（DB11/685—2013）以及《新建建设工程雨水控制与利用技术要点》（市规发〔2012〕1316号），对清河站雨水外排控制利用进行深化设计，具体设计内容如下所示。

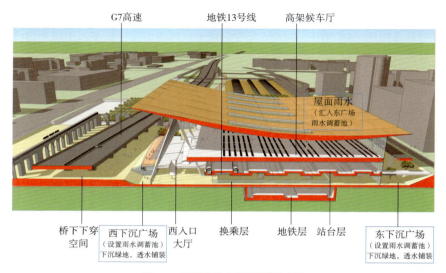

图 10-6　清河站排水系统设计示意图

清河站室外场地重现期按照 5 年一遇设计，下沉广场重现期按照 50 年一遇设计，站房屋面按照 100 年一遇设计；汇水时间按照 10min 考虑。安宁庄西二条预留 DN800 雨水接口；站东街预留 DN800 雨水接口 2 个；上地东路预留 DN800 雨水接口 2 个，DN600 的雨水接口 1 个。

（1）室外面积指标

清河站总用地为 137775m²，其中站场面积 40227m²（径流系数 0.4），站台雨棚 15747m²（径流系数 1.0），高架落客平台 23921m²（径流系数 0.9），站房屋面面积 33110m²（径流系数 0.9），其他房屋屋面面积 5780m²（径流系数 0.4），绿化面积 3365m²（下凹式绿地 2522m²，径流系数 0.15），硬化广场面积为 15625m²（透水铺装 10943m²，硬质铺装径流系数 0.9，透水铺装径流系数 0.4）。

不考虑雨水调蓄池的场地综合径流系数为 0.76，清河站配置雨水调蓄水池（站房屋面调蓄池 1800m³ 一座，广场调蓄池 120m³ 三座）后，外排水流量径流系数为 0.12。

（2）透水铺装做法

透水铺装采用 80mm 厚透水路面砖，粗砂扫缝、洒水封缝；30mm 厚 1:6 干硬性水泥砂浆；130mm 厚 C20 无砂大孔混凝土基层（浇筑前先将级配砂石垫层用水湿润）；300mm 厚天然级配砂石碾实；路基碾实，压实系数 ≥ 0.93。下凹绿地的下凹深度 > 50mm。

（3）年径流总量控制

清河站在设计下沉绿地（50mm 储水量为 126.10m³）、透水铺装（储水量为 585.45m³）、雨水调蓄池后，径流总量为 867.87m³，外排雨水峰值流量为 310.99L/S，年径流总量控制率为 83.12%（设计降雨量为 28.73mm）。

（4）雨水调蓄池排空

雨水调蓄池采用水泵强排泄空，泄空时间为 4h，且出水管管径不超过市政排水管道接收能力，接入市政雨水管道的高程高于市政管网高程。

6）能源动态管控系统

全线各站设能源管理及节能控制系统，整合既有楼宇自动化系统（BAS）、照明系统、暖通空调自控系统、电扶梯系统等，在保留其基本控制模式条件下，对站房的变配电、照明、电梯、空调、供热等能源的使用状况进行集中监视、控制和管理。

10.3 节能减排效益分析

《中国节能技术政策大纲（2006年）》（发改环资〔2007〕199号）指出，应建设我国节能型综合交通运输体系，充分发挥铁路、公路、水运、民航及管道运输的优势，合理配置运输资源，提高交通运输能源利用的整体效率。其中，铁路应大力发挥电力牵引，改善运输组织，合理调配机车，实行长交路，发展直达运输。

京张高铁的建设可延长动车组交路、加速动车组周转，通过直达列车的开行，提高运力和运输组织效率，有效降低能耗；完善区域路网，增强路网灵活性，便于统筹利用路网能力，优化运输组织结构，进一步实现运营管理节能。

京张高铁沿线所在地交通运输结构以铁路、公路为主体，航空、管道等多种运输方式并存。铁路主要有京包、京通、京原、丰沙、京广、京九、京沪、大秦等干线铁路；公路主要有G101～G112、G205、G207、G306、G307等国道，京乌、京哈、京沪、京港澳等多条高速公路；航空方面，区域内主要分布有首都国际机场、大兴国际机场和张家口民用机场等；管道方面有陕京线、陕京二线、天津港至燕山石化厂等油气输送管道。

京张高铁建成后将极大方便沿线居民出行，从公路、航空转移客运量，并将诱增部分客运量，详见表10-2。

京张高铁通道客流密度构成汇总表 表10-2

区段	近期（单向，万人次）						远期（单向，万人次）					
	合计	趋势	转移			诱增	合计	趋势	转移			诱增
			从公路	从民航	小计				从公路	从民航	小计	
北京—沙城	2616	1769	597	120	717	130	3596	2247	899	230	1129	220
沙城—张家口	2407	1892	345	120	465	50	3347	2423	599	230	829	95

区域客运铁路运输、营业性汽车运输、自驾车运输和客运航空运输按20%、60%、13%和7%比例简化计算，根据客运量，铁路客运能耗按0.06tce/万人公里，营业性巴士能耗按0.22tce/万人公里，自驾车能耗按0.34tce/万人公里，航空能耗按0.69tce/万人公里计算，社会出行能耗为206441.8tce。京张高铁建成后，年可节约能耗162936.05tce，按综合碳排放系数2.457tCO_2/tce（国家发改委能源研究所推荐值）估算，每年可减少二氧化碳排放4.00×10^5t。

CHAPTER 11
>>>> 第 11 章

展望
OUTLOOK

交通强国，铁路先行。中国高铁经历了二十年的发展历程，从无到有，如今中国高铁整体技术水平已经迈入世界先进行列，部分领域已经达到了世界领先水平。党的十九届五中全会提出"加快建设交通强国"的宏伟目标，我国的高铁建设迎来了更加宝贵的"黄金时期"。

在京张高铁的建设中，设计者遵循安全可靠、生态环保、低碳节约、智慧先进、景观融入、品质提升的高铁绿色设计理念，立足于标准化、生态化、统筹化、信息化、人本化、精细化设计基本原则，从选线与选址，路基、桥梁、隧道、站房、景观、环保与节能减排等方面系统开展了绿色设计探索与实践，取得了大量绿色设计和绿色技术创新，为创建绿色高铁设计新标准提供了重要参考。

但是，总体而言，绿色高速铁路的发展在我国仍处于起步阶段，高速铁路绿色设计的理论体系、评价方法及标准等仍有待进一步研究和探索，绿色技术的应用还不能适应高速铁路建设和国民经济发展的需求。作为国民经济大动脉、重大民生工程和综合交通运输体系骨干，高铁的绿色发展与交通强国目标实现息息相关。2020年8月6日，交通运输部印发《关于推动交通运输领域新型基础设施建设的指导意见》，提出到2035年，交通运输领域新型基础设施建设取得显著成效，智能列车、自动驾驶汽车、智能船舶等逐步应用。2021年2月22日，国务院印发关于《加快建立健全绿色低碳循环发展经济体系的指导意见》，提出建立健全绿色低碳循环发展经济体系，促进经济社会发展全面绿色转型，提升交通基础设施绿色发展水平，将生态环保理念贯穿交通基础设施规划、建设、运营和维护全过程，集约利用土地等资源，合理避让具有重要生态功能的国土空间，积极打造绿色铁路。高速铁路作为我国"一带一路"倡议中基础设施建设的重要组成部分，要在国际市场上保持长期竞争优势，必须朝着绿色、智能化方向发展，创造独有核心竞争力，更好地支撑"一带一路"倡议和"走出去"战略实施。国内、国际新形势对加快建设交通强国、构建现代化高质量高速铁路通道提出了新的更高要求，必须更加突出创新的核心地位，着力推动高速铁路向更高质量、更有效率、更可持续、更为绿色的方向发展。

加强建设绿色高铁，进入新的发展阶段。高铁建设应以"绿色发展"为主题，以集约节约利用资源、能源和强化生态保护和污染防治为主线，通过推进资源节约集约利用、强化节能减排和污染防治、强化交通生态环境保护修复三大任务，促进路基、桥梁、隧道、房建等各铁路专业技术革新与工程品质升级，适度超前，促进高铁能源动力系统清洁化、低碳化、高效化发展，推进高铁建设资源绿色化、减量化、可循环，推动高铁发展由追求速度规模向更加注重绿色质量转变，由依靠传统要素驱动向更加注重创新驱动转变。通过绿色高铁设计，保持自然资源可持续利用，助力生态环境保持和改善，构建安全、便捷、高效、绿色的现代化高速铁路运输体系。

建设绿色高铁，必须大力发展绿色设计与绿色技术。未来需要进一步推动理论创新、技术创新、管理创新和制度创新，将绿色发展理念贯穿于铁路规划设计、建设、管理、养护、运营全生命周期，将高铁绿色化设计提升到国家战略高度，增强绿色环保优势，提升绿色化水平，进一步突出高铁在现代综合交通运输体系中的骨干作用和引领地位，成为建设社会主义现代化交通强国和实现中华民族伟大复兴中国梦的重要支撑。

参考文献

[1] 王洪宇. 京张高速铁路绿色设计与创新研究 [J]. 铁道标准设计, 2020, 65 (05): 1-7.

[2] 刘强, 杨立中, 郑韶毅. 绿色铁路在中国的发展 [J]. 铁道运营技术, 2007 (01): 6-8.

[3] 国家铁路局. 绿色铁路客站评价标准: TB/T 10429—2014 [S]. 北京: 中国铁道出版社, 2014.

[4] PLAKHOTNIK V N, ONYSHCHENKO J V, YARYSHKINA L A. The environmental impacts of railway transportation in the Ukraine[J]. Transportation Research D Transport & Environment, 2005, 10 (3): 263-268.

[5] QUINTANA S M, RAMOS B M, MARTINEZ M A C, et al. A model for assessing habitat fragmentation caused by new infrastructures in extensive territories - evaluation of the impact of the Spanish strategic infrastructure and transport plan[J]. Journal of Environmental Management, 2010, 91 (5): 1087-1096.

[6] 周华国, 虞卓, 曾学贵. 多目标系统模糊优选模型在铁路选线方案环境决策中的应用 [J]. 铁道学报, 1998 (04): 99-106.

[7] 李远富, 薛波, 易思蓉. 铁路线路设计方案综合优选决策系统的研究 [J]. 系统工程学报, 2001 (02): 151-155.

[8] 杨立中, 贺玉龙, 熊春梅. 绿色铁路理论及评价 [M]. 成都: 西南交通大学出版社, 2014. 1.

[9] 吴小萍, 詹振炎. 基于灰色和模糊集理论的铁路方案多目标综合评价方法及模型研究 [J]. 铁道学报, 2001 (05): 107-113.

[10] Janez, Sturm. Geograhpical Information System of Slovenian Railways Co[OL]. www. esri. com.

[11] 吴小萍, 铁路选线中环境影响综合评价原则和方法的研究 [D]. 长沙: 中南大学, 2005-01-01.

[12] 宋盈莹. 城市深基坑工程中绿色施工的重要意义 [J]. 环渤海经济瞭望, 2013 (04):

44-47.

[13] 王翠英, 王家阳. 论深基坑支护优化设计的重要性 [J]. 武汉工业学院学报, 2005 (02): 56-59.

[14] SMITH S D, FORDE M C, OSBORNE J R. Productivity estimation in back-acter/dump-truck earth-moving operations[J]. Transport, 2015, 111 (2): 125-131.

[15] WANG X J, HUANG Y, ZHANG W Y. The bilevel programming model of earthwork allocation system[C]// SHI Y, WANG S Y, PENG Y, et al. Cutting-edge Research Topics on Multiple Criteria Decision Making. Berlin: Springer, 2009.

[16] WIMMER J, HORENBURG T, GüNTHnthner W A, et al. Planning of earthwork processes using discrete event simulation[M]. Berlin: Springer, 2012.

[17] 曹生荣, 周厚贵, 申明亮. 道路工程土石方优化调配模型与工程应用 [J]. 四川大学学报（工程科学版）, 2007 (05): 21-25.

[18] 焦艳彬, 赵春菊, 周宜红, 等. 基于绿色施工的堆石坝土石方调配方案评价 [J]. 水电能源科学, 2013, 31 (11): 163-167.

[19] 黎天胜, 张杰. 土石方调配问题双层规划模型及算法研究 [J]. 铁道工程学报, 2012, 29 (04): 108-112.

[20] KORKMAZ K A, SYAL M, HARICHANDRAN R S, et al. Implementation of Sustainability in Bridge Design, Construction and Maintenance[J]. Delphi Method, 2012: 201.

[21] 周玉康, 中国未来桥梁发展方向—绿色桥梁 [J]. 建筑工程技术与设计, 2014,（8）: 185-185.

[22] 朱乾坤, 桥梁结构的绿色设计 [J]. 建筑工程技术与设计, 2015,（13）: 838-839.

[23] 李国平. 混凝土桥梁绿色技术概论 [A]. 中国土木工程学会混凝土及预应力混凝土分会."发展绿色技术，建设节约结构"——第十四届全国混凝土及预应力混凝土学术会议论文集 [C]. 中国土木工程学会混凝土及预应力混凝土分会：中国土木工程学会, 2007: 4.

[24] 赵顺清, 万一华. 基于生态环保理念的绿色桥梁设计 [J]. 城市建筑, 2014 (32): 231-237.

[25] 王敏, 基于绿色理念的桥梁设计研究 [J]. 低碳世界, 2015 (3): 226-227.

[26] 钱炜, 肖玉德. 绿色桥梁设计 [J]. 工程与建设, 2006 (06): 750-752.

[27] 彭华军, 李念. 可持续发展设计在桥梁工程中应用之探讨 [J]. 四川建筑. 2012, 32（3）: 38-42.

[28] 龚勋, 熊纲俭. 持续发展设计在桥梁工程中应用分析 [J]. 道路工程. 2016, 42-43.

[29] 王映韬. 绿色市政桥梁设计探究 [J]. 住宅与房地产, 2016 (24): 41.

[30] MARTA G, MIQUEL C, SANTIAGO G, et al. A methodology for predicting the severity of environmental impacts related to the construction process of residential buildings[J]. Building

and Environment, 2008, 44 (3) : 558-571.

[31] 金圣杰, 张强, 李阳. 隧道工程地下水排放对环境影响评价体系初步研究 [J]. 甘肃水利水电技术, 2011, 47 (07) : 27-31.

[32] 余璐璐, 李绍才, 孙海龙. 隧道工程行为的生态环境影响及其生态化策略 [J]. 水土保持通报, 2010, 30 (06) : 233-237.

[33] 田劲杰. 铁路长隧道生态环境影响的研究 [J]. 交通环保, 2004 (05) : 21-22+36.

[34] 刘学军, 王匡寰. 中国铁路旅客站房的发展与演变 [J]. 交通科技, 2008 (S1) : 99-101.

[35] SEUNG H L, FRANCESCO C. Identifying waste: applications of construction process analysis[J]. University of California, Berkeley, CA, USA, 1999, 6: 26-28.

[36] BRADLEY GUY G, KIBERT C J. Developing indicators of sustainability: US experience[J]. Building Research & Information, 1998, 26 (1) : 39-45.

[37] 杨立中, 梅昌艮, 贺玉龙, 等. 绿色高速铁路理论与评价体系的研究 [C]// 中国环境科学学会. 2010 中国环境科学学会学术年会论文集 (第二卷). 北京: 中国环境出版社, 2010, 4.

[38] 贺晓霞, 鲍学英, 王起才. 基于组合方法计算权重的绿色铁路客站综合评估 [J]. 铁道标准设计, 2016, 60 (04) : 103-107.

[39] 杨庆. 铁路绿色施工评价指标体系及评价方法研究 [D]. 石家庄: 石家庄铁道大学, 2017.

[40] 蒋伟平. 解析"精品工程 智能京张"对新时代中国铁路建设的深远影响 [J]. 铁道标准设计, 2020, 64 (01) : 1-6.

[41] 王争鸣. 复杂山区铁路选线思路及理念 [J]. 铁道工程学报, 2016, 33 (10) : 5-9.

[42] 郭文军, 曾学贵. 铁路线路环境影响评估及高速铁路线路方案优化选择的研究 [J]. 铁道工程学报, 2002 (01) : 74-77.

[43] 张晓东. GIS 环境下铁路选线设计应用分析模型研究 [J]. 铁道勘察, 2005 (04) : 9-12.

[44] 崔显付. 吉图珲客运专线综合选线技术应用分析 [J]. 铁道标准设计, 2014, 58 (01) : 15-20.

[45] 张明. 高速铁路环保选线的研究与建议 [J]. 铁道标准设计, 2020, 64 (09) : 1-5+27.

[46] 中国铁道科学研究院. 新建北京至张家口铁路环境影响报告书 [R]. 2015. 7.

[47] 宣立华. 岩质路堑边坡绿色防护技术在京张高铁的应用研究 [J]. 铁道勘察, 2019, 45 (01) : 77-81.

[48] 刘志峰. 绿色设计方法、技术及其应用 [M]. 北京: 国防工业出版社, 2008.

[49] 孟凡超. 桥梁工程全寿命设计方法及工程实践 [M]. 北京: 人民交通出版社, 2012.

[50] 钱易, 唐孝炎. 环境保护与可持续发展 [M]. 2 版. 北京: 高等教育出版社, 2010.

[51] 李辉, 邹永伟, 徐升桥等. 永临结合的墩顶转体法在铁路连续梁桥施工中的应用研究 [J]. 铁道标准设计, 2019, 63 (02) : 66-70.

[52] 张宇, 郑凯锋, 衡俊霖. 免涂装耐候钢桥梁腐蚀设计方法现状及展望 [J]. 钢结构, 2018, 33

(09)：116-121+52.

[53] 李磊. 高速铁路建设园林绿化探析 [J]. 现代园艺，2015 (24)：162-163.

[54] 焦田. 基于可持续发展理念下的低成本景观设计研究 [D]. 西安：长安大学，2017.

[55] 雷艳华. 低成本景观设计初探 [J]. 中国园艺文摘，2013, 29 (08)：137-139.

[56] 邹晓榕. 基于景观生态学视角下的高速铁路沿线景观规划研究 [D]. 苏州：苏州科技学院，2014.

[57] 张美娇. 铁路交通视觉景观研究 [J]. 中国新技术新产品，2014 (03)：174.

[58] 宁大鹏，韩静，李益军，等. 谈高速铁路绿色通道植物景观生态优化设计 [J]. 工程建设与设计，2017 (22)：138-139.

[59] 毛保华，柏赟，陈绍宽，等. 综合交通系统的节能减排技术与政策 [M]. 北京：北京交通大学出版社，2015.

[60] 申瑞源. 我国机车车辆技术的发展与展望 [J]. 铁道学报，2019, 41 (1)：36-42.

[61] 吴文化. 我国交通运输行业能源消费和排放与典型国家的比较 [J]. 中国能源，2007 (10)：19-22+9.